有些事
現在不做
一輩子
都沒機會做了
韓倩——著

目錄
Contents

有些事現在不做
一輩子都沒機會做了

目錄
Contents

前言
別讓夢想在我們心中熄滅

人在一生當中會產生無數個美好的願望：

放下所有生活壓力痛快地遠行一次；

不問成敗地創業一次；

不問結果投入地深愛一次；

鄭重而溫暖地和父母擁抱一次；

……

但是在忙忙碌碌的生活中，人們都在忙著趕路，那些簡單而美好的願景也隨之轉瞬即逝，淹沒在嘈雜的生活裏、奔波的工作中、熙熙攘攘的人群間和車水馬龍的大街上，成爲人們永遠追不回的夢和永遠到不了的地方。

那些夢還在，只是我們無暇顧及了；那些美好的期望依舊閃著光，只是在我們心中熄滅了。

你有多長時間沒有回想年少時的夢想了？

你有多久沒有暢想一次遠行了？

你有多久沒有回家陪伴父母了？

你有多久沒有見到昔日的同窗好友了？

你又有多久沒有對深愛的人說過一聲「我愛你」了？

……

如同詩人海子曾在詩中寫道：「從明天起，做個幸福的人；餵馬，劈柴，周遊世界；從明天起，關心糧食和蔬菜……從明天起，和每一個親人通信，告訴他們我的幸福，那幸福的閃電告訴我的，我將告訴每一個人……」

這些簡單而美好的願景，爲何要從明天開始，而不是今天呢？如果是今天，也許一切都還來得及。

有些人，一轉身就錯過一輩子，有些事，不去做，一遲疑就是一輩子。

不是每一個人都會站在原地等我們回頭，不是每一件事都一直留給我們機會，等待著讓我們隨時來做。

很多事、很多人，就像時間一樣，一去不復返，成爲我們生命長河中永遠回不去的驛站。錯過一個人，也許將終生不再見，錯過一個機會，也許要留下終生遺憾。

音樂人高曉松在《青春無悔》一書中寫道：「有些事做了，會後悔一陣子，但不做，會後悔一輩子。」真正讓人後悔的，不是做了某件事，而是再也沒有機會去做一件事。

在年老時，我們再也沒有機會像青春年少時那樣肆意奔跑；在失去親人時，我們再也沒有機會表達對他們的愛；在傷害一個人時，我們再也沒有機會與他成爲知心的朋友；爲了結婚而結婚後，我們再也不能坦然地去追求一份真愛……有些事，現在不去做，一輩子都不再有機會做了。

一輩子似長卻短，死亡和明天，沒有人知道哪個會先到來。如果想到了什麼，就快點去做吧。沒有時光等你回想，沒有人生讓你重來，也沒有一份愛會留在原地一直等你。想好的事就去做吧！別讓自己在時光中遺憾老去，別讓人生在後悔中度過，也別讓那份值得的愛悄然逝去。

本書內容囊括愛情、親情、友情、健康、夢想、思考等人生諸多方面內容，其中不涉及什麼驚天動地的大事，有的只是一個人在奔波的生活中稍作停留就能實現的小事。有時看似無足輕重，今天不做，明天總有時間，於是日復一日地拖延下去，直到再無機會。有些事現在不做，真的一輩子不會做了，不是因爲沒有了時間與機會，而是再沒有那樣的心境。

這些事所能帶來的，就是一段短暫的安寧，讓人想起已經有點陌生甚至淡忘的情感、習慣、目標，再找到曾有過的美好與期盼吧。其實，生活大多由小事組成，這些小事只要認真去做了，每一件都非常有意義，你的生活品質也會隨之改變。

別再被各種渺小理由牽制自己的腳步。這本書給我們的是一個個細碎的溫柔建議，讓我們在依然豐盈的生命中去做些改變，不糟蹋生活裏一直存在卻被忽略的美好。

第一章

趁年輕，為自己的夢想執著一次

把夢想放在心裏，會開出勇敢的花，但若一直不敢用行動去灌溉它，這朵花遲早會枯萎。因為夢想經不起等待，尤其不能以實現另外一個條件為前提。夢想不在於有多遙遠，而在於我們是把它供奉在心裏，還是為了它的實現而採取了實際的行動。

1 為自己列一份夢想清單

梭羅曾說：「愛就是試圖去將夢中的世界變爲現實。」如果我們每一個人都是金色的向日葵，那麼夢想便是指引我們始終向著太陽的嚮導；如果我們每一個人都是渴望自由的魚兒，那麼夢想便是供我們自在遨遊的浩瀚大海；如果我們每一個人都是天使，那麼夢想就是幫助我們飛向天堂的翅膀。有了夢想，我們的人生會因自己的奮鬥和堅持而更加海闊天空，更加有意義。

夢想是人對於美好事物的一種憧憬和渴望，夢想是人類最天真無邪、最美麗可愛的願望，有夢想的人生活才有意義。夢想都是美的，所以美夢成真是人生的最大幸福。

夢想有時候是人們大膽的想像，不一定會實現，是一個美好的期望。夢想是生活的動力，它最大的意義是給予人們一個方向，一個大目標。如果只把夢想當做夢，那麼這樣的人生可以說沒什麼亮點。

夢想使人偉大，人的偉大就是把夢想作爲目標去執著地追求。我們需要夢想，因爲我們需要愛，需要幸福，需要自己的生命有價值。沒有夢想的人生是不完整的人生，也不會是幸福的人生。

沒有領略過夢想之路上的艱辛與驚喜，人生會少了很多絢麗的色彩。當一個人一輩子連自己真正想要的是什麼都不知道的時候，也很難說他（她）能夠明白什麼是真正的幸福。夢想是如此的重要，所以，你不妨爲自己列一份夢想清單，爲人生描繪出一幅美好的圖畫。

美國西部的一個小山村裏，住著一戶清貧的人家。一天，在這戶人家的飯桌上，一個十五歲的少年寫著自己畢生的願望：「要到尼羅河、亞馬遜河和剛果河探險；要登上珠穆朗瑪峰、乞力馬札羅山和麥金利峰；駕馭大象、駱駝、鴕鳥和野馬；探訪馬可．波羅和亞歷山大一世走過的道路，主演一部《人猿泰山》那樣的電影，駕駛飛行器起飛降落，讀完莎士比亞、柏拉圖和亞里斯多德的著作，譜一部樂曲，寫一本書；擁有一項發明專利，給非洲的孩子籌集一百萬美元捐款……」

少年洋洋灑灑地一口氣列舉了一百二十七項人生的宏偉志願。不要說實現它們，就是看一看，也足夠讓人望而生畏了。很多人看了，都一笑了之，覺得少年是「天方夜譚、癡人說夢」。少年對他人的看法不以為意，因為他的全部心思都被那一生的願望填滿了，並被那些願望牢牢牽引著。

從定下願望那天開始，少年便開始了將夢想轉為現實的漫漫征程，一路風霜雨雪，他硬是把一個個近乎空想的夢想，都變成了活生生的現實。他也因此一次次嘗到了搏擊與收穫的喜悅。在四十四年後，他終於實現了他一生願望中的一百零六個願望……

他就是二十世紀著名的探險家約翰・戈達德。

列下一個夢想清單，制訂一個切實可行的計畫，確保每一步都是朝著正確的方向在前行，並不因爲各種理由就放棄當初的夢想。生活中會出現各種難以預料的狀況，但是我們必須有足夠的毅力和決心來完成清單上的夢想。專注於生命中的目標或最初的夢想，在你的旅程中就會吸引越來越多能幫助你的人、環境和資源。事實上，將精力集中於你最初的夢想，或最終的夢想，是實現夢想最有效的方法。

那麼我們該如何制訂屬於自己的夢想清單呢？爲自己泡一壺茶，靜下心來想一想自己的夢想有哪些，拿出一張紙，把它們一一記錄下來。

把你的夢想一個個寫下，不管是想成爲世界首富這樣的大夢想，還是和幼年時的夥伴再見一面這樣的小夢想，都可以認真地寫下來。只有這樣，才能有計劃地去完成它們。

在列這樣一份清單之前，我們最好仔細想想究竟什麼才是値得自己追求的夢想。你的夢想不應該是別人強迫你做的那些事情，比如父母要求你從事的職業，老闆要求你完成的業績，這些是目標，都不算是你自己的夢想。夢想是你自己真正喜歡的東西，真正想要到達的目的地。

接下來，就是要思考如何制定一份成功的夢想清單的問題。首先，在制定夢想的時候，你不只是要寫出自己最終想要實現的結果，還應該明確這個結果的定義，以及制定一個切實可行的計畫，讓夢想在每一個實現階段都有可以「量化」的標準，這樣既能夠鞭策你不半途而廢，又能夠以獲得的成績激勵你繼續奮鬥下去。比如，你的夢想是成爲一名成功的律師，那麼你就必須明確什麼樣的律師才能算是成功的，是每年打贏多少場官司，還是成爲一家知名律師事務所的合夥人。明確了之後，你就得爲實現這個夢想制定具體的步驟，比如什麼時候通過司法考試，什麼時候拿到律師執業證等等。通過這些腳踏實地的努力，你的每一步都更接近最終的夢想。

爲什麼有的人的夢想清單制定得很漂亮，可始終不見行動起來，只是紙上談兵？這是因爲，他（她）給自己的時間太長、理由太多了。人們可能會說自己工作很忙，沒有時間按照清單上的計畫來實施，等過一段時間再說吧。可是一段時間過去了，大部分人還是會以同樣的藉口拖延下去。就這樣，明日復明日，最終夢想被擱淺了。其實，制定好了夢想清單只是完成了一小部分，腳踏實地的去採取行動才是最重要的。所以，給自己的夢想設定一個期限，不要無限期地拖延下去。比如說，如果你的夢想很簡單，只是想學習如何烘焙可口的點心給家人品嘗，那麼就規定一個時間，例如在半年或者一年內，去參加培訓班也好，在家看書自學也罷，總之在設定的時間裏，捧出那一盤凝聚著你的愛心和夢想的美味。你會發現，這個爲夢想設定的期限，不會成爲阻礙你完成夢想的絆腳石，不是一種無形之中束縛你的負累，而是你實現夢想的原動力。

製作夢想清單，它的重點還是讓人更清楚地認清自己的目標，培養起行動力。**光寫出來，貼在牆上，是沒用的，關鍵是一步一步去做。**

2 別讓夢想在等待中擱淺

都說心動不如行動，當我們著眼於夢想的時候，總會產生一種奮鬥的衝動和激情，若是將這種熱情投入到行動中，那麼早晚有一天我們的夢想會變成現實。可若是不付出行動，那麼你的一切夢想都將只是幻想，永遠存在一個你不存在的世界中。

把夢想放在心裏，會開出勇敢的花，但若一直不敢用行動去灌溉它，這朵花遲早會枯萎。因爲夢想經不起等待，尤其不能以實現另外一個條件爲前提。夢想不在於有多遙遠，而在於我們是把它供奉在心裏，還是爲了它的實現而採取了實際的行動。

很多人都認爲，只有事先有了非常充分的準備後，才有能力去追逐夢想，並用這個理由拖住了追尋的腳步。但實際上，這種常規的思維並不一定就是正確的，即便你自身的條件還不夠成熟，但你也有行動的資本，即便你現在做得不夠好，也可以當作是射擊前的定位，在行動中不斷調整自己，你的能力才能不斷得到提升，才能越來越靠近自己的夢想。

時間可貴、青春可貴、生命可貴、機遇可貴的道理並不複雜，你覺得夢想可以等待，殊不知時間不會等你，青春不會等你。很多美好的事物，往往都是在等待中被擱淺了。

一對兄弟外出旅行歸來，想要乘坐電梯，卻發現大樓停電了！這可怎麼辦？他們住在這幢大樓的八十層，為了趕緊回家，兩兄弟決定爬樓梯上去。

起初，他們還鬥志十足，可是爬到二十層的時候，兄弟倆就覺得體力不支了。哥哥說：「這個包實在太重了！我們先把它放在這兒吧，等來電後坐電梯來拿。」於是，他們把行李包放在了二十樓，卸掉了這個包袱，他們頓時覺得輕鬆多了。

兩兄弟有說有笑地往上爬，到了四十層的時候，他們累壞了，想到還有四十層樓梯要爬，他們開始互相埋怨，指責對方沒有注意大樓的停電公告。在爭吵中他們一步一步地往上爬，就這樣又爬到了六十層。到了六十層，他們累得已經沒有力氣再吵架，弟弟說：「既然都到了六十層，我們別再吵了，乾脆爬完算了！」於是，兄弟倆默默地往上爬，終於到了八十層！

好不容易回到家門口的兄弟倆非常興奮，可這個時候他們突然發現，鑰匙丟在二十層的行李包中……

這則故事雖然沒有直接講述人生和夢想，但它卻蘊含了深刻的人生道理：二十歲之前，背負著很多的壓力和包袱，因爲自己活在師長的期望之下，而自己的心態和能力也不成熟，因此步履難免不穩；等到二十歲之後，脫離了眾人的壓力，卸下了沉重的包袱，開始專心地追逐自己的夢想，於是又愉快地度過了二十年；到了四十歲的時候，猛然回首，發現青春已經不再，不免覺得有遺憾和追悔，因此開始不停地惋惜、抱怨……在這樣的一種狀態下，生活還要繼續，一轉眼就到了六十歲。

這時，人們突然意識到人生已經所剩不多，警告自己不要再抱怨，珍惜剩下的時間。於是，默默地度過自己的餘年，直到生命的盡頭，又忽然想起好像有什麼事情還沒有完成。原來，是自己把所有的夢想都留在了二十歲的青春歲月，還沒有實現。所以說，夢想如果不趁早去追，很可能就在匆匆趕路的途中，被遺忘了。

可見，夢想需要行動，但不是盲目的行動，在追夢的過程中，你應該時時反思，專注於自己的付出，這樣你才能不斷調整自己的步伐。若是一路上走一步四處看看，就很容易迷失。

在南美洲的亞馬遜河邊，青青的草引來了一群羚羊，悠然地在岸邊享受著美味。

豈不知就在這時，一隻獵豹隱藏在遠遠的草叢中，豎起耳朵四面旋轉。牠覺察到了羚羊群的存在，於是悄悄地、慢慢地接近羚羊群。在越來越逼近的過程中，突然，羚羊群有所察覺，忽的一下四散逃跑。獵豹像百米運動員一樣，瞬間爆發，像箭一般地衝向羚羊群。牠的眼睛死死盯住了一隻未成年的羚羊，直奔牠而去。

雖然羚羊飛也似的奔跑，但仍然跑不過豹子的騰躍。在這追與逃的過程中，眼看就要挨著羚羊群了，可獵豹卻從一隻又一隻站在那裏觀望的羚羊身邊跑過。牠沒有掉頭改追這些更近的獵物，而是從頭至尾都在使勁地朝著那隻未成年的羚羊瘋狂地追去。

最後，那隻小羚羊終於跑累了，豹子也累了；在累與累的較量中，最後比的就是速度和耐力了。終究，小羚羊的屁股被獵豹的前爪狠狠地抓撓了一下，羚羊倒下了，豹子朝著羚羊的脖子狠狠地咬了下去。

行動是思想的體現，沒有行動，別人永遠不知道你在想些什麼，日子久了，就連自己都不知道自己曾經夢想過什麼了。在大腦支配我們的同時，我們應該服從大腦，付諸相應的行動，尤其當我們想到的可能是我們的夢想。

3 世界那麼大，我為什麼不能去看看

二〇一五年四月，一封辭職信在微博上引起熱議，無數網友紛紛轉發評論，內容是：「**世界那麼大，我想去看看。**」這封辭職信被封爲「史上最具情懷的辭職信，沒有之一」，短短十個字很詩意、很灑脫、很有文藝氣息，一下子就戳到了人心中最柔軟的部分。

寫辭職信的人是二〇〇四年七月入職河南省實驗中學的一名女心理教師，她說：「在來得及的時間，願意的時候，剝離安逸生活，想要用自己的目光去觸摸世界。大概就是因爲我擁有了世人缺乏的勇氣，做到了常人做不到的一點，所以備受關注。」這讓她在網路上贏得了更多支持和讚賞，網友們紛紛表示都想像她一樣「任性」一把。

美國作家安迪．安德魯斯說：「**一生之中至少要有兩次衝動，一次為奮不顧身的愛情，一次為說走就走的旅行。**」這句話廣爲流傳，激起了無數人的共鳴。奮不顧身的愛情需要緣分，而說走就走的旅行，卻是可以隨時開始的。重要的是，我們選擇的是否是自己喜歡的。

二〇一三年，兩名廈大女生出新書致青春，其中一位就是李豫晨，她的青春就像她的書名《把青春塞進旅行箱》。談起大學時光，她最大的感受就是迷茫，雖然專業是自己選的，可讀了兩年後，她突然看不清未來的路。「不知道該繼續念下去，還是轉專業。」李豫晨說，「朋友們有的說讀下去不錯，有的說轉專業有前途。」

轉捩點始於去新加坡做交換生，在新加坡的日子，讀書對李豫晨來說是副業，文化交流和旅行才是主業。她的課程被排在週二、週三和週四，剩下大把時間，她和朋友們當起背包客，玩遍了柬埔寨、越南、印尼等地。

大三的下學期，李豫晨休學了，因為決定去參加國外的一個義工專案。這是李豫晨在上海交大的一個交換生朋友介紹的，每半年招一期，和世界各地的一百多位同伴邊旅行邊做義工。本來她還有些擔心，但丹麥朋友的一句「Is that a problem?（那是個問題嗎？）」，讓她立即下定了決心。敢想就得敢做，交換生一結束，李豫晨就回廈門辦了休學手續。她和同伴們走了三大洲，幾乎每個星期換個城市。他們住在當地人家裏，深入當地的生活。她去過戒毒所，也在防家暴中心做過諮詢，見過富人區，也去過貧民區。她說：「我的心變大了，以前只想著中國，現在看著世界。」她更大的收穫是從旅行中找到了自我，不再迷茫。

世界那麼大，我爲什麼不能去看看？也許你說，工作之後就沒有讀書的時候自由了，有太多的牽絆：「我五行缺錢。」「天天上班，沒得閒。」「孩子太小。」……貌似總是被各種各樣的事物纏繞著，使得雙腳無法邁開，或許那根本就是藉口。對於遠方，每個人都有無限嚮往，但多數人都在朝九晚五、按時打卡上下班的千篇一律的生活中淪陷了。

不能進行一場說走就走的旅行，想出去看看的夢想一直都在地圖上酣睡不起，是因爲我們缺少一顆勇敢的心。家與世界之間，差的不是一張機票錢，不是N公里的距離，而是我們是否做好了準備出發。

最近「間隔年」非常流行，英文中叫Gap Year。間隔的意思是停頓，在西方，年輕人在升學或者畢業之後、工作之前，並不急於盲目踏入社會，而是停頓下來，做一次長期的遠距離旅行（**通常是一年**）。在這段時間放下腳步去做自己想做的事情，比如去遊學、當義工，或者只是休息，以思考自己的人生。還有一種「Career Break」的說法，指的是已經有工作的人辭職進行間隔旅行，以調整身心或者利用這段時間去做別的事情。

驢行者大米在二〇一三年的一月辭去了高薪的工作，開始了自己的間隔年旅行。當被問起為什麼可以放棄目前高薪穩定的工作，而去做一個間隔年的旅行？大米說：「間隔年旅行，是我蓄謀已久的，用時髦的話說，重走一回青春。即為祭奠我十六年的辛勤勞作，也為開啟我新的一段人生旅程。」

大米是七〇後，最早是在一個廣州女孩的遊記裏看到間隔年這個詞的。大米說自己並不排斥現代社會的價值觀，比如成績優越、事業有成。但他越來越多地開始思考我需要別人眼中的輝煌還是自己能夠感受到的快樂，人生必須有一個固定的軌跡嗎？我需要讓每一個人都喜歡和肯定嗎？我可以按照自己喜歡的方式生活嗎？我可以不需要計畫人生而是追隨自己的心靈選擇未來的方向嗎？

於是，他決定在工作了十六年，收穫了肩頸勞損、神經衰弱、脂肪肝，還有人生的迷茫時，停下來，去看看世界。

在這個快節奏的社會，每個人都需要一個間隔年，停下來，去看看自己嚮往的遠方。也許你沒有傷要療，沒有壓力要逃，也不想去見識傳說中的什麼豔遇，更不想去趕什麼潮流，也要去走一走。只因爲，世界那麼大，值得你去看看。以免等到黃土埋到雙膝，步履艱難，還沒有好好看一看這個曾經來過的世界，那將是何等的悲愴！即便不爲遺憾，至少也爲豐富自己乾巴巴的生活，別每次看到別人在朋友圈發的去往各地的留影，心裏就剩下酸酸的不是個滋味。

培根說：「對青年人來說，旅行是教育的一部分。」別再坐在那自嘲：「春天來了，我們去旅遊吧！我帶著你，你帶著錢……」外面的世界向所有人張開著雙臂，當你下定決心準備出發時，最困難的時候已經過去了。那麼，出發吧。

4 勇敢地創業一次，無論是否成功

生活中，你有沒有過創業的念頭？還是曾經有過，但因爲諸多事件的煩擾被耽擱了，或是覺得自己創業的時機還不成熟？其實人的一生，應該有一次創業的經歷，將自己各種能力綜合在一起發揮一把。如果成功了，就能做出一番事業，成就自己的夢想；倘若不幸失敗了，也爲自己今後的工作和生活帶來經驗和教訓，了卻一樁心事。所以，勇敢創業搏一次，不管成功與失敗，都對自己的人生有益無害。

一八八三年八月間的一個清晨，卡布里埃．香奈兒出生在法國西南部的小鎮索米爾。她的父親是個小批發商，母親生下她不久，父親就拋棄了她們。母親含辛茹苦，好不容易把她拉拔到六歲。一場大病，母親又不幸去世，香奈兒成了一個孤兒，被送進了當地教會辦的孤兒院。

多年後，當地有個名叫艾蒂安．巴爾桑的富家子弟，與香奈兒一見鍾情，墜入愛河。但香奈兒不願長期住在偏僻狹小的穆蘭小鎮，她迫切想出去見見大世面。於是，在二十世紀初，巴爾桑把鄉下孤女香奈兒帶到了世界大都市巴黎。

到巴黎後，香奈兒激動不已，外面的精彩世界讓她感到新鮮無比。憑著女性特有的愛美天性，在這五光十色、擁擠繁華的大都市中，香奈兒發現了一片亟待開墾的處女地，那就是巴黎婦女們毫無時代感的著裝穿戴。

香奈兒經常流連街頭，細心地觀察研究過往行人的衣著，覺得她們的穿著既保守又沒有時代感。於是她內心生出一個夢想，讓美麗的時裝裝扮這個都市，自己也決心當一名勇敢的拓荒者。可是她的男友巴爾桑對她的雄心壯志既不支持更不理解，兩人為此經常發生爭吵，最後不得不分道揚鑣。

在陌生的巴黎，一個弱女子要想開拓一番事業是不容易的。在這關鍵時刻，卡佩爾向她伸出了援助之手。這個生性隨和、不拘小節、家境富裕的異邦人，非常支持香奈兒獻身服裝業。

憑著強大夢想激發的力量，香奈兒小試鋒芒便旗開得勝，這讓她信心大增。她邁的步子越來越大，大膽設計，自行縫紉，全身心地投入到服裝改革之中。

香奈兒服裝店的規模一年比一年擴大。她在康蓬大街接連買下五幢房子，建成了巴黎城最有名的時裝店。

一九二二年，香奈兒引進並按她所謂的幸運數字命名的「香奈兒五號香水」，又一次大獲成功。一九二四年，香奈兒創建了香奈兒香水公司。暢銷全球的香水為香奈兒的事業提供了雄厚的財政基礎，使她成為當時世界上聲名赫赫的富婆。她從一個只有六名店員的小老闆，變成了一位擁有四家服裝公司、幾家香水廠以及一家女裝珠寶飾物店的大企業主了。

一九五三年，七十一歲的香奈兒向輿論界宣佈：她要舉辦個人時裝設計作品展，並將香奈兒服裝推向美國及全世界。卡布里埃·香奈兒在世界時裝業中獨佔鰲頭達六十年之久。她自己也成為了長盛不衰的時裝女皇。

如果你想比大富翁更有錢，你就要準備長期放棄生活的其他樂趣而拚命賺錢；如果你想成爲電影明星，你就要準備隨時隨地都要面對攝影機而犧牲隱私；如果你想成爲女富豪，你就要準備經受創業的艱苦而放棄享受。

有人認爲，自己對窮人的最大貢獻，就是自己不再是窮人。這並不是讓我們去憎恨窮人。而是要讓我們明白，貧窮是幫不了任何人的，我們要用自己的雙手去創造富裕的生活，用自己的努力去改變生活的現狀。

一九七七年，臧健和帶著一對不足十歲的女兒離開老家青島來到香港找丈夫，然而，到香港後她便遭遇了巨大的變故。

臧健和的丈夫是泰國華僑，他們在山東青島結婚並生下兩女。臧健和的婆婆卻因為她只生了兩個女兒，強烈要求給兒子娶一個「二房」，因為當時泰國允許一夫多妻制的存在，而臧健和的丈夫又倒向婆婆一邊，生性倔強的臧健和斷然決定離婚。臧健和說：「我從小受的教育和自己的尊嚴讓我無法接受這種一夫多妻的現實，為了我自己，也為了孩子的前途，我只能離開。」離婚後，臧健和自己帶著兩個女兒艱難度日。

原本做護士的臧健和到了酒樓做雜工，她在工作時又不幸被撞傷而導致腰骨斷裂。酒樓的老闆不但狠心地否認她是工傷，還無情地把她給辭退了。

臧健和於是把酒樓老闆告上了法庭，勝訴後，她卻堅持只要她應得的工資四千五百港元，而不肯收下法院判決酒樓老闆賠償的三萬港元。香港社會福利署派人告知她，她可以每個月領取數千元的「公援金」，臧健和卻又拒絕了。她說：「在很多人眼裏，我真是傻透了，明明缺錢花，卻不要應該要的錢。我母親從小教育我：凍死迎風站，餓死不彎腰。白領錢會讓我自己失去鬥志，孩子也會受影響。」

臧健和後來回憶說：「那時的公援金數額超過我打工賺的

錢，可是公援金也不能養懶漢，我那時才三十一歲，不想成為社會包袱，而且我自己年紀輕輕就成為社會包袱，如何教育兩個女兒自強？」

為了女兒和生活，臧健和推著小車，帶著她家傳的手藝，在灣仔碼頭賣起了水餃。在最初的七年賣水餃生涯中，臧健和有五個年頭是晚上鋪一張席子就地而睡的，家中僅有的地方都被她用作加工水餃的廚房了。

有一次，臧健和在碼頭賣水餃時，發現一位顧客在吃完水餃後把餃子皮留在了碗裏。她奇怪地上前詢問原因，沒想到那個顧客毫不客氣地說：「你的餃子皮厚得像棉被一樣，讓人怎麼下得了口！」

就為了這麼一句批評，臧健和幾天不眠不休，研究並改良了餃子皮的配方，桿出了薄薄的餃子皮。

臧健和精湛的手藝和精益求精的精神終於贏得了顧客的認

同，很多人開始排隊等在灣仔碼頭臧健和的攤位前吃水餃。

現在，「灣仔碼頭」水餃已經成為了全國知名品牌。

創業成功或許還需要一定的天賦，或者一個良好的機會，這些是否真的在我們身上存在都不重要，也許創業只是爲了卻一樁心願，感受實現自我的力量。

創業是一種寶貴的經歷，不論成敗，它都是我們人生的一筆財富，只要有夢，就去闖吧！別去在乎成功或失敗。成功了我們爲之歡呼雀躍，失敗了我們同樣爲了能有幸經歷這一切而微笑吶喊。

在人生的征程上，創業帶來的激情讓我們更加熱愛生活，創業失敗的磨難和挫折讓我們擁有了應對困難的經驗和一顆感恩的心，創業讓我們實現夢想，品嘗到生活的艱辛與不易，讓我們更加珍惜擁有的一切，抱著一顆赤子之心，去迎接每一天的朝陽，這就是我們從創業中得到的最寶貴的收穫。

每個人都希望自己的人生不虛此行，也希望自己的人生充滿幸福和快樂，那就不要錯過，在自己有生之年，創一次業，不管成功與否，只要經歷過了，就不枉此生。

5 盡可能從生活中刪去「不可能」

夢想只要能持久，就能成為現實。

我們不就是生活在夢想中的嗎？很多事情都是可以靠努力實現的，只要不是太離譜的夢想，實際上這個所謂的離譜，也只是暫時受到時間和空間的限制，並非完全不可能實現。

許多人常常把不可能三個字掛在嘴邊，其實，他根本沒有想過要怎麼實現，也沒有去思考實現的可能，更沒有去制定實現的計畫和目標。他只是聽到了一個自己不熟悉的事情，就本能地說不可能。太多的這也不可能，那也不可能，讓生活變得機械笨拙。

這個時候，如果你還在毫無警覺地抱怨，那麼請你安靜下來，想一想「不可能」三個字怎麼會那麼容易就脫口而出，都還沒有嘗試過的東西，怎麼可以那麼武斷地下結論呢？

羅伯特．巴拉尼是奧地利著名的耳科醫生。他幼年的時候患上了可怕的骨結核病，不僅疼痛難忍，還導致他一個膝關節永久地僵硬。家裏人都很疼惜他，只祈禱他的後半生能不再受到病魔折磨，也就不要求他在讀書方面花費精力。

可是巴拉尼非常倔強，他不相信一種疾病能讓自己成為廢物，也不相信自己的未來僅能局限在父親的農場裏。他暗下決心，一定要掌握一技之長，一定要和正常孩子一樣上學讀書深造，然後堂堂正正地站在世人面前。

整整十年，巴拉尼風雨無阻地穿行在學校和家庭之間。

無論多麼艱難，他都咬著牙，向人展示「我可以」的堅持。廿九年過去了，這個失去自由行動能力、被人們憐憫的孩子長大了，並且成功進入了醫學界，發表了著名的《熱眼球震顫的觀察》論文，奠定了耳科生理學的基礎。為了表彰他的傑出貢獻，當今醫學探測前庭疾患的試驗和檢查小腦活動以及與平衡障礙有關的試驗，都以羅伯特．巴拉尼的姓氏命名。

巴拉尼用自己的努力，將不可能變成了現實，把自己的名字深深刻在了人們腦海中。

事實上，世界上每天都在發生各種令人沮喪的意外，但也同時在創造各種感人的奇蹟。如果你的心裏存著「我可以」的想法，那麼這些代表新思路的想法就會迅速在你腦中生根發芽，長出嫩枝，幫你去攀越新的天地。

也許有人會發出疑問：難道決心要做，就一定能做得到嗎？要是下了決心最後卻沒有成功，又該怎麼辦呢？

有這樣的迷惑是正常的。但是，試想一下，如果一開始你就放棄了，那麼就算機會真的來了，你也無法立即採取行動，如此還談什麼成功、收穫？

大多數情況下，你所得到的結果和你所選擇的態度是一致的。要麼能，要麼不能。世界上有很多狀態是可以由人控制的，儘管一個人的力量十分微小，但是當你竭盡全力去實現自己的目標時，就一定能爆發出驚人能量。

著名的護理學和護士教育創始人之一佛羅倫斯．南丁格爾，出生於一個富有的家庭，而她本人也是受過高等教育的貴族小姐。南丁格爾從小就著迷於護理工作，並且長期擔當莊園周圍生病農戶的看護者。當她希望成為一個護士，加入到當時只有社會底層婦女和教會修女才會擔任的護理工作中，並把這件事情當做終身事業時，遭到了父母的強烈反對和世俗偏見的中傷。但即使面臨一些閑言雜語和誤會，南丁格爾仍一直覺得自己可以勝任這個工作，絲毫不肯做出讓步。

南丁格爾總是出現在病患最需要她的地方，尤其是一八四五年克里米亞戰爭爆發後，她率領三十八名護士奔赴槍林彈雨的前線，加入病患的護理工作。此刻的南丁格爾完全脫離了貴族小姐的嬌弱，不僅表現出非凡的組織才能，還給予了病患無微不至的關懷，幫助醫生進行手術，減輕病人的痛苦。

每一天，她都要工作十多個小時。她總是提著一盞小小的油燈，逐床細心查看病患的情況，因此，她也被士兵們稱為「提燈女士」、「克里米亞的天使」。

最讓人稱奇的是，為了取得必要的醫藥物資，當所有人都不敢打破陳規陋習採取行動時，南丁格爾卻帶領幾個大膽的人，撬開了英國女王倉庫門上的鎖，並向嚇得目瞪口呆的守衛說：「我終於有了我需要的一切。現在請你們把你們所看到的去告訴英國吧，全部責任由我來負！」

英國詩人丁尼生說：「**夢想只要能持久，就能成為現實。我們不就是生活在夢想中的嗎？**」那些覺得自己可以的人，有的是爲了獲得更好的生活、更高的地位、更大的成就，有的則是爲了他們的夢想和目標，他們相信自己的能力，也相信自己可以改變很多！南丁格爾用實際的付出，向世人證明了實踐理想的可貴，證明了護理工作的重要性。因爲相信自己，不僅讓南丁格爾改變了命運的軌跡，也讓世界爲之震動。在她的努力推動下，世界上第一所護士學校成立了，整個西歐以及世界各地的護理工作和護士教育也因此快速地發展。

現實生活中，我們總是覺得大環境太差不可能改變，客戶太刁鑽不可能改變，身體不舒服不可能改變，薪水過低不可能改變……整天牢騷不斷，好像「不可能」、「無法改變」已經成爲我們終身的印記了。

我們總是時刻需要別人的安慰。然而，若是拿我們所面臨的困難和南丁格爾當初所遭遇的困難相比，簡直就是滄海一粟，不值得一提。那麼崇高、偉大的夢想都可以被南丁格爾實現了，還有什麼比它更難的？

你可以失去信心和勇氣，但你的生活並不會因此而輕鬆，一旦你開始萌發「我可以」的念頭，正式邁入追尋夢想的隊伍，就有可能生活得更好！

第二章
活在當下，每天擁抱正能量

每一個人都有所追求，都在追求幸福快樂的生活，在這付出、奮鬥的過程中就已經是「活在當下」了，只是潛意識中沒有更深的體會。讓快樂或痛苦匆匆而過，沒來得及慢慢品味，就讓一天天像山澗水一樣流逝。

1 把握當下，當幸福來敲門時抓住它

也許就因爲這一瞬的猶豫，改變了自己的一生；也許就因爲這一瞬的猶豫，錯過了本該屬於自己的幸福；也許就因爲這一瞬的猶豫，最終幸福再也不來敲門。

幸福需要勇氣和果斷力，不是靜止不變的，幸福是動態的，積極的。因此請不要猶豫，不然它會從你身邊悄悄飛走……

果斷是你人生的一張關鍵牌，你是否具備果斷的素質，與你在你的人生之路上是否可以減少坎坷、獲得成功密切相關。果斷是一個人行立於世的根本，一個人是否具備果斷的素質，將與其一生的命運密切相關！當然也與你一生的幸福息息相關。

二〇一一年六月四日是一個普通卻並不平凡的日子。這一天中國網球選手李娜，在羅蘭．加洛斯加冕法國網球公開賽女單冠軍。她是網球職業化一百三十餘年來，第一位奪得網球大滿貫單打冠軍頭銜的亞洲選手。

當李娜捧起久負盛名的獎盃，我們可曾想過，是什麼力量讓李娜完成了亞洲人追尋了一百三十年的夢想？

在法網決賽前，李娜曾指著艾菲爾鐵塔說：「希望通過我的不懈努力，我們也可以爬到塔尖，中國人也可以改變一切。」一天後，她神奇地做到了。

亞洲網壇奪得單打大滿貫第一人、追平亞洲個人最高排名紀錄，這些夢幻般的紀錄讓實現這一切的李娜也感覺自己如在夢中。經過各類慶祝活動的忙碌，休息了幾個小時後醒來的李娜方才感受到了創造歷史的真實感：「沒怎麼睡，跟大使吃完飯就十二點了，感覺跟做夢似的。」

此刻的李娜無疑是世界上最幸福的人，時年廿九歲的李娜，無疑已經進入職業生涯的「暮年」。可是正是李娜的果斷和堅決，開創了今天屬於自己的時代。

但是很多人可能不知道早在二〇〇二年李娜曾經選擇了退役，直到二〇〇四年經過網管中心孫晉芳主任的勸說才復出。

記者採訪孫晉芳時她說：「我當時跟李娜說，一個運動員有自己的理想和天賦非常不容易，你走到今天要是放棄就太可惜了。我不說爲國爭光，你可以爲你自己吧，網球是非常職業的運動，你爲你的獎金也該去打，而且我會爲你創造很多機會。」

正如孫晉芳所說，隨後她爲李娜復出創造了很多條件，包括給她各種比賽的外卡資格，在國內積極舉辦各類網球賽事，給李娜重返世界網壇創造了非常厚實的鋪墊。「我感覺我們那次談話非常愉快，雖然我的勸說起到了一定作用，不過李娜的決策還是關鍵，她要是不下定決心，同樣沒有今天的成績。」

正是當初李娜的果斷復出，才有了「夢想成真」的今天。有人可能會說，二〇〇四到二〇一一中間的七年或許等待了太長的時間，付出了太多的努力。但是當李娜在羅蘭．加洛斯擊出最後一個球的時候，幸福一下子就降臨在了這個女子的身上。她伸出手抓住了，那短短的一場比賽，果斷一個擊球，不恰好就是爲了最後幸福降臨這一瞬間做好的準備嗎？

一位哲人說過，人的雙腳不可能同時跨入同一條河裏。世界的一切都在變，每時每刻，儘管你並沒有意識到，但是事實上，我們所面對的，每一分每一秒都是一個嶄新的世界。當我們談到早晨的時候，我們會說：「這是一個嶄新的早晨！」更普通的說法是：「這個早晨真新鮮！」是的，早晨是新鮮的，因爲整個一天就要從早晨開始，這是一個新鮮的開始。你的每一天與其他人一樣，世界經過一個夜晚的悄然沉睡，一切都重新開始了。當你早晨起床面對朝陽的時候，你應該在心裏給自己這樣一份忠告：「屬於我的新的一天開始了！」

屬於你的新的一天，你要去做一些事情，讓別人來認識你自己、發現你自己。做你自己的主宰，用一種全新的意識與心態對待即將開始的這一天，給自己一個新鮮的開始。你會覺得自己是如此的快樂，世界是如此的美好，而你生活的意義，又是那麼讓你滿意而愉悅。也正因爲此，你的人生價值也就因你的新鮮而獲得提高了。

所以，當你在這一天早晨，伸手抓起了你的上衣，那麼，你的新的一天就將從這裏開始，你的新的生命也將會從這時開始。所以，不要猶豫，果斷地去做你所想做的事，就是你今天應該做的最重要的事情。

古希臘哲學家柏拉圖有一天問老師蘇格拉底，什麼是愛情？老師就讓他先到麥田裏去，摘一個田裏最大最黃的麥穗來，期間只能摘一次，並且只可向前走，不能回頭。

柏拉圖按照老師說的去做了。結果他兩手空空地走出了田地。老師問他為什麼摘不到？

他說：「因為只能摘一次，又不能走回頭路，期間即使見到最大最黃的，因為不知前面是否有更好的，所以沒有摘，走到前面時，又發覺總不及之前見到的好，原來我早已錯過了最大最黃的麥穗。所以，我哪個也沒摘。」

老師說：「這就是『愛情』。」

又有一天，柏拉圖問老師，什麼是婚姻。他的老師就叫他先到樹林裏，砍下一棵全樹林最茂盛、最適合放在家做聖誕樹的樹。其間同樣只能砍一次，以及同樣只可以向前走，不能回頭。

柏拉圖又照著老師的話做了。這次，他帶了一棵普普通通，不是很茂盛，亦不算太差的樹回來。老師問他，怎麼帶這棵普普通通的樹回來，他說：「有了上一次的經驗，當我走到大半路程還兩手空空時，看到這棵樹也不太差，便砍下來，免得錯過了，最後又什麼也帶不回來。」

老師說：「這就是婚姻！」

人生沒有回頭路，有些人、有些事一旦錯過了，就再也找不回來了。要找到某些屬於自己的最好的東西，我們不僅要付出相當的努力，而且要有莫大的勇氣去果斷地選擇。

追求幸福就和這個道理一樣，需要有莫大的勇氣去果斷地選擇和追求。不然就會像柏拉圖一樣「兩手空空」地歸來。

當然，我們不可否認，生活總是給我們許多的不滿意。但是，你要想到，你未來的路還很長，不論你如何生活，不論你從事什麼職業，你都要想到，你這是在「爲自己而做」，**你要讓自己接近任何能引起你興趣的東西，就像植物生長一樣，始終朝向陽光以及有滋養的一面繼續自己的成長**。沒有必要總是想著過去的事情，對於過去的事情給你的人生留下的陰影，你可以將它們鎖進記憶的牛皮箱裏，並且丟掉你的鑰匙，永遠都不要去開啓它。讓那些快樂滋潤著你的幸福伴你成長。

2 與人為善，贈人玫瑰手有餘香

我們在分給他人幸福的同時，也能正比例地增加自己的幸福。只有幫助他人，才會得到他人的幫助，與人方便，自己方便。你對別人慷慨解囊，你也會得到別人的無償回報。

給予，讓這個世界更美好。我們應該時刻記住付出大於索取，應該善於用更好的思維方式思考問題。因爲無私、愛心充盈你的內心，要想不斷體會分享的樂趣，就必須把這些都培養成爲習慣。俗話說，送人玫瑰，手有餘香。當我們懂得把自己的東西和別人一起分享的時候，我們就會體會到無私的快樂，體會幸福的感覺。

一天夜裏，已經很晚了，一對年老的夫妻走進一家旅館，他們想要一個房間。櫃台侍者回答說：「對不起，我們旅館已經客滿了，一間空房也沒有剩下。」看著這對老人疲憊的神情，侍者不忍心深夜讓這對老人出門另找住宿。而且在這樣一個小城，恐怕其他的旅店也早已客滿打烊了，這對疲憊不堪的老人豈不是會在深夜流落街頭？於是好心的侍者將這對老人引領到一個房間，說：「也許它不是最好的，但現在我只能做到這樣了。」老人見眼前其實是一間整潔又乾淨的屋子，就愉快地住了下來。

第二天，當他們來到櫃台結帳時，侍者卻對他們說：「不用了，因為我只不過是把自己的屋子借給你們住了一晚——祝你們旅途愉快！」原來如此。侍者自己一晚沒睡，他就在櫃台值了一個通宵的夜班。兩位老人十分感動。老頭兒說：「孩子，你是我見過最好的旅店經營人。你會得到報答的。」侍者笑了笑，說這算不了什麼。他送老人出了門，轉身接著忙自己的事，把這件事情忘了個一乾二淨。

沒想到有一天，侍者接到了一封信函，打開看，裏面有一張去紐約的單程機票並有簡短附言，聘請他去做另一份工作。他乘飛機來到紐約，按信中所標明的路線來到一個地方，抬眼一看，一座金碧輝煌的大酒店聳立在他的眼前。原來，幾個月前的那個深夜，他接待的是一個有著億萬資產的富翁和他的妻子。富翁為這個侍者買下了一座大酒店，深信他會經營管理好這個大酒店。這就是全球赫赫有名的希爾頓飯店首任經理的傳奇故事。

有付出就有回報。對他人做了善事，總能得到加倍的回報。幫助別人，其實就是幫助自己，而當我們付出的時候，本身就體驗到了生命的意義與快樂。

奉獻愛心可以體現人性的美好，同時也是一種處世哲學和快樂之道。有位哲人說過：「人活著應該讓別人因爲你活著而得到益處。」學會給予、分享和付出，你就會體會到樂善好施，不求任何報酬的快樂與滿足。付出一份愛心，收穫一份快樂與希望。在別人困難的時候，爽快地伸出援助的雙手，在你爲難之際，才會得到更多的幫助。

不管你的處境多麼平凡，你每天都會碰到一些人，你對他們怎樣呢？你是否只是望一望他們，還是會試著去瞭解他們的生活？

比方說一位郵差，他每年要走幾百里的路，把信送到你的門口，可是你有沒有費心去問問他住在哪裏？或者看一看他太太和他孩子的照片呢？你有沒有問過他的腳會不會酸？他的工作會不會讓他覺得很煩呢？或者雜貨店裏送貨的孩子，賣報的人，在街角上爲你擦鞋的那個人。

這些人都有煩惱和夢想，他們也渴望有機會跟其他人來分享，可是你有沒有給他們這種機會呢？你有沒有對他們的生活流露出一分興趣呢？你不一定要做南丁格爾，或是一個社會改革者，你可以從明天早上開始，從你所碰到的那些人做起。

如果我們知道每說一句話，回饋回來的是另一句什麼樣的話或什麼樣的事，那麼我們就應該知道，這句話應該怎樣說出去。

正如我們用友好的態度說話，收到的效果就好；我們用粗暴的態度說話，收到的效果就不好。就像我們照鏡子，你笑，它也笑；就像我們對著群山呼喚，你喊什麼，它也喊什麼。我們對別人友好，別人也會對我們友好。

同樣的道理，我們如果對著一個小孩子吼叫或者瞪眼，小孩子就會被嚇哭，我們和他們玩，他們就會高興。世界上道理很多，但是大道理很簡單，善有善報，你對別人好，別人也會對你好。

3 今天就是最幸福的時刻

這個世界不是完美無缺的，因此，不管人們怎麼去努力，都不會做到盡善盡美。而我們的不快樂，正是因爲生活不能盡善盡美，與自己的預期不符。不快樂的程度，取決於生活與預期之間有多大的距離。但如果我們不凡事苛求完美，快樂這檔事就簡單多了，我們只需要做自己喜歡的事情就夠了。

生活永遠是豁達的，它對每個人都是公平的。也許你是一個有缺點的人，然而你卻依然可以享受完美的生活。

生活對每個人都賦予了同樣美麗的意義和無窮的快樂，只要你認真地去體會，去感受，哪怕你是一個有缺陷的人，也會同樣擁有完美的生活。

丁當誕生時，雙目失明。醫生說：「他患的是雙眼先天性白內障。」

他的父親不甘心：「難道你就束手無策了嗎？手術也無濟於事了嗎？」

醫生搖搖頭：「直到現在，我們還沒找到治療這種病的方法。」丁當不能看見東西，但是他的雙親的愛和信心，使他的生活過得很豐富。作為一個小孩，他還不知道自己失去的東西。

然而，在他六歲時，發生了他所不能理解的一件事。一天下午，他正在同另一個孩子玩耍。那個孩子忘了丁當是瞎子，拋了一個球給他：「當心！球要擊中你了！」這個球確實擊中了丁當。此後，在他的一生中再沒有發生過那樣的事了。

丁當雖沒有受傷，但覺得極為迷惑不解。後來他問母親：「阿蘭怎麼在我之前先知道我將要發生的事？」

他母親歎了一口氣，因為她所害怕的事終於發生了，現在有必要第一次告訴她的兒子：「你是瞎子。」

「孩子，坐下。」她很溫柔地說道，同時伸過手去抓住他的一隻手，「我不可能向你解釋清楚，你也不可能理解得清楚，但是讓我努力用這種方式來解釋這件事。」她同情地把他的一隻小手握在手中，開始計算手指頭。

「一——二——三——四——五，這些手指頭代表著人的五種感覺。」她講道，同時用她的大拇指和食指順次捏著丁當的每個手指。

「這個手指表示聽覺，這個手指表示觸覺，這個手指表示嗅覺，這個手指表示味覺。」然後她猶豫了一下，又繼續說：「這個手指表示視覺。這五種感覺中的每一種都能把資訊傳送到你的大腦。」她把那表示視覺的手指彎起來，按住，使它處在丁當的手心裏，慢慢地說道：「你和別的孩子不同。因為你僅僅用了四種感覺，並沒有用你的視覺。現在我要給你一樣東西。你站起來。」

丁當站起來了。他的母親拾起他的球。「現在，伸出你的手，就像你將抓住這個球。」她說。丁當抓住了球。

「好，好。」他母親說，「我要你決不忘記你剛才所做的事，你能用四個而不用五個手指抓住球。如果你由那裏入門，並不斷努力，你也能用四種感覺代替五種感覺，抓住豐富而幸福的生活。」

丁當絕不會忘記「用四個手指代替五個手指」的信條。這對他說來意味著希望。每當他由於生理的障礙而感到沮喪的時候，他就用這個信條作為自己的座右銘，激勵自己。他發覺母親是對的。如果他能應用他所有的四種感覺，他確實能抓住完美的生活。

也許在生活中，我們都有這樣或那樣的缺點、缺陷，然而，只要我們有信心，通過自身不懈的努力，就一定能克服各種障礙，找到生活的意義。完美生活不一定是完美的人才能感受得到的，只要我們不懈地去努力，並用心去體會就能品嘗到生活所賦予的酸、甜、苦、辣等各種生活的真滋味，將摻和著百味的人生過得有聲有色，過得圓滿。

每個人都應學會享受生活，輕鬆而快樂地度過每一天，首先，要理解人生的真正含義。把自己的心態擺正，用一顆平常的心態，去體味人生，享受人生，去迎接大自然對人生的挑戰，深刻認識到酸甜苦辣乃是人生的真諦，興衰榮辱既是自然界賦予人類永不衰敗的交響曲，同時還包含著大自然與萬物之間相生相剋的深奧道理。

所謂的享受生活，就是不被功名利祿所牽絆，對人生路上的沉浮不僅要看得開，更要想得遠，又要拿得起，放得下。不要在鮮花與掌聲之中飄飄欲仙；不要在失敗與磨難中心灰意冷；不要在順境中目空一切；不要在逆境中停滯不前。要在「繁華過盡皆成夢，平淡人生才是真」中去品味人生的真正含義；要能夠在「酸甜苦辣皆有味，興衰榮枯皆自然」當中去享受生活的真滋真味。

讓我們保持一份生活的明淨，在有雲的日子裏，不再悲傷，在輝煌的歲月中，不要忘形。用一種平常的心態去善待生活的每一天，用平靜的心態去追求目標。生活需要激情，但不要刺激，不要貪婪，更不要困死在金錢、權力和美色中。要能夠正視自己，要進行努力的創造，而不奢求；追求品味，更不要愛慕虛榮。

我們要相信一句話：每個人都是有本質差別的。不管你承認還是不承認，對於有些東西只能無限接近，而永遠也無法超越。

享受生活，有什麼就享受什麼吧。對於一杯清茶來說，並不比一杯咖啡遜色，摟著愛人散步並不比坐「寶馬」兜風缺乏情趣。

只要學會享受生活，才能做到更加珍惜生活，從而，激發你創造生活，生活才會有奇蹟出現。

一個樵夫上山去砍柴，看見一個人正躺在樹下乘涼。樵夫見狀忍不住問那人：「你怎麼躺在這兒，為什麼不去砍柴呢？」

那人不解地問：「為什麼非要砍柴呢？」

樵夫說：「砍來的柴可以賣錢呀！」

那人又問：「賣了錢又有什麼用呢？」

樵夫滿懷憧憬地說：「有了錢就可以享受生活了。」

那人聽後笑了，說：「那你認為我此刻在做什麼？」

「生活在此刻」，就是享受你正在做的，而不是即將要做的。必須擺脫對「下一刻」的迷戀和幻想，它們大多數都不切實際，有的雖然最終會得到，卻剝奪了我們此刻的生活。

不要一邊吃飯一邊想著工作中的事，不要一邊工作又一邊擔心下班後要做的事。學會欣賞當時的萬事萬物。

我們要爲每一天的日出欣喜不已。

我們要爲自己所從事的工作帶來的生活體驗而高興。

我們要分享與家人、朋友相處時的甜蜜。

我們要學會與自然和諧共處，去聆聽風雨之聲，去仰望璀璨的星空，與無窮的自然生命力相連接。

我們將不在生活的表層遊移，而是深入進去，聆聽生活最美的「樂章」，讓生活變得更加生動、更有意義。

昨天是一張過期的支票，明天是一筆尙不能取出的存款，惟有今天才是擺在你面前的現金。

享受此刻吧！過好每一個今天，昨天既然已成往事，又何必太費心機。抓住今天，忙碌於今天，你就無暇顧及昨天。活著的人，要記住，生命是美麗的，美麗總是短暫的。緊緊抓住它吧！今天對於我們來說，只有一次！好好珍惜、享受你的每一秒吧！

4 打開感受美好的心靈雷達

一個容易滿足的人，或許幸福的滋味更容易獲得。生活要用心靈去感受，我品嘗過，真的是那般暖暖的，香香的，甜甜的，就在那一瞬間。只要用心感受了，用心品嘗了，便是幸福滋味。那小小的幸福，小到像悶熱炎夏裏的一絲涼風，小到似寒風冷冬裏的一簇火苗，都會給人帶來小小的安慰和希望。

只要我們用心感受，就能發現平凡裏掩蓋的幸福。

用心感受生活，就是要時刻保持著對新生活的美好憧憬，懷著一顆真誠的愛心去生活，你就會收穫到意料不到的驚喜。小小的幸福就像冬日裏的陽光，雖然微弱，卻一樣暖人心田，那遺留在心中久久不散的芳香，那品嘗萬遍仍然不去的甜蜜，這就是幸福的味道。

幸福並不是等待就有的，幸福還需要創造。幸福雖不是甜美的甘露，卻可以滋潤我們乾裂的雙唇。幸福是人在不同的環境裏的一種感動，它能在寒冷的冬夜穿透風雪，去溫暖你的心房。幸福的滋味，要靠心靈去品嘗。通過品嘗，你會發現生活中有那麼多溫馨唯美浪漫的畫面值得我們用心去珍藏。通過品嘗，你會發現每一天的陽光都是燦爛的，每一秒的時光都是新鮮的，每一個話題都是奇妙的。幸福的感覺就藏在你的心頭。

生活中，不論是苦難還是芬芳，不論是煩惱還是快樂，我們都無法迴避。生活需要我們用心靈去感受，幸福需要我們用心去品嘗。其實，在生活中，小小的幸福無處不在，同伴投來的一個贊許的目光，父母送來的一杯清茶，那遠方的一聲問候，電話裏的一聲叮嚀……

所有的這一切雖平淡無奇，但只要你用心感受了，便會體味到那份淡淡的驚喜。用心感受生活，就要品嘗生活的原汁原味，就要接受生活的所有賞賜。幸福是沒有定義的，也沒有界限，只要我們用心靈去感受，就能發現平凡裏掩蓋的幸福，就能品嘗到苦澀中包含的甜蜜。你就能看到生活中最美好的風景，這就是我們所期待的生活，也是我們正擁有的幸福。

打開塵封已久的心窗，你會看到窗前依舊花開花落，天外依舊雲卷雲舒，生命的旋律不會因你心窗的關閉而停止，依舊輕舞飛揚，就像一星隕落，卻暗淡不了整個星空。

打開心靈的窗戶，你會聽到人生的勁歌妙律，看到大海的澎湃波濤，聞到生命那朵絕美奇葩的迷人芳香。放飛我們的心靈，它與我們一樣嚮往光明，追求自由。打開心窗，用最真誠的心去熱愛腳下的一方水土和苦樂生活。

學會了開窗，還要懂得開啓哪一扇心窗。

有的人總是糾纏於憂傷的樊籠，打開憂傷的窗戶卻要等待快樂飛來。爲何不去試著打開一扇快樂的窗戶呢？

別開錯了窗。打開另一扇心窗，那裏不再有絲絲縷縷的憂傷，或許你將聽到一支悠悠揚揚的樂曲，嘗到一杯飄飄淡淡的清茶。

對酒當歌，人生幾何。生活就是這樣，打開另一扇心窗，換一種心態去面對，或許將是另一種風景，另一番情趣。

泰戈爾說：「天空沒有翅膀的痕跡，而我已飛過。」打開心靈的窗戶，開啓快樂的窗戶，當歲月的熏風拂過靈魂的秋水，不必叮嚀，生命中已然有了心的感知與交流。

打開心靈的窗戶，告別煩惱，告別憂傷，去傾聽窗外布穀鳥的叫聲，去感受夏天旖旎的綠光，去體味秋天風清雲淡的澄澈，去尋找冬天雪花紛飛的悄然……

當歲月蒼老了我們的容顏，你會發現，我們心中的愛意還在，情感還在，走在記憶的擁抱中，融合著兒女帶給你的溫暖，收斂著年輕時期的貪婪欲望，心中的安逸隨風而來，你可以放下追逐的腳步，漫步在被夕陽點綴的時光裏，不妨張開大口深呼吸，用心去感受嫻靜之美，用心去領略歲月的靜好，在夕陽的襯托之下去享受晚霞帶給你的那份淡然，行走在淡忘之間，尋找內心的一份恬靜。也不妨嘗試一下迎著月光，望著星星，聽著小曲漫步在河邊，收聽靜月的那份美好。心地淡然了，心境也就平和了，在靜逸的晨曦中凝月遐思，釋放心中的那份淡然與從容，用心感受歲月的這份靜好。

5 走出抱怨，勇敢地面對現實

人生不如意十有八九，生活中少一些抱怨，少一些不滿，將我們的怨氣，將我們的不滿化作我們的鬥志，去爭取成功，這樣我們就能走出抱怨。一個沒有抱怨的世界，才能讓生活充滿希望，才能讓自己走向幸福！幸福只是一種心態，重要的是我們遠離抱怨，遠離悲觀，將不滿化作動力，相信很快我們就可以走出抱怨，走向幸福！

在現實生活中，我們常常聽到人們抱怨工作不順利，並對自己的生活狀況不滿。實際上，很多時候這是由於我們沒有清楚地衡量自己的能力、興趣、經驗，給自己設下太多的障礙，而這些障礙是很難逾越的。當我們面對這些障礙的時候，就難免對現實產生抱怨了。

有兩個漂泊在大海上的人，都想找一塊適合生存的地方。有一天，他們發現了一座無人的荒島，島上的蟲蛇非常多，時時處處都潛伏著危機，生活環境十分惡劣。

其中一個人說：「我決定就在這裏定居了。這個地方儘管現在不太好，但將來一定會是個好地方。」而另一個人對這個地方十分不滿：「這算什麼生活的地方啊，到處都是蟲蛇，危險重重，還得進行建設，環境太惡劣了！我不在這種鬼地方生活！」於是他繼續漂泊。他很快找到了一座鮮花爛漫的小島，島上已有很多人家，這些人家是十八世紀海盜的後裔，經過了幾代人的努力將小島建成了一座美麗的大花園。他於是在這裏做小工，很快也就富裕了起來，生活過得還算可以。

很多年過去了，機緣巧合，在一次旅行中他路過了那座他曾經放棄的荒島，他決定去拜訪一下當年的朋友。但是，島上的一切讓他一直在懷疑走錯了地方：漂亮的屋舍，廣闊的田疇，健壯的青年，活潑的孩子……

朋友因勞累過早衰老了，但是精神卻很好。特別是說起變荒島為樂園的經歷時，更是津津樂道。最後，朋友指著整個島自豪地說：「這一切，是我用雙手創造的，這是我的小島。」曾錯過這個小島的人，一時無語。

但錯過小島的這個人並沒有一絲悔意，還抱怨說：「為什麼上天這麼照顧你，當時我如果留在這個島上，也許會比現在還要好。」

生活中，有的人少了抱怨，多了些許的奮鬥，於是，他的生活變得充滿希望和幸福；但是，有的人缺少艱苦奮鬥和拚搏的精神，終日在抱怨中生活，抱怨現實，不滿上天，他的生活一團糟糕。有的喜歡把不滿掛在嘴邊，時時刻刻懷著不滿的心看現實，他們從來不會問自己付出過什麼。抱怨是他們發洩不滿的一種方式，是一種很消極的處世態度，與其抱怨，不如勇敢地面對現實，用自己的雙手創造出屬於自己的美麗小島！

曾經，有個著名的寺院，寺院裏有一個脾氣古怪的主持，這個主持在寺院定了一個非常特別的規矩：每年到年底的時候，每個和尚都要面對主持說兩個字。

有一個人到寺院出家了，很快一年過去了，年底的時候，主持問：你心裏最想說的是什麼？

新和尚回答：「床硬！」

第二年，主持又問了那個和尚心裏最想說什麼，那個和尚說：「食劣！」

第三年年底的時候，還沒等主持問的時候，那個和尚說：「告辭！」

主持望著和尚遠去的背影自言自語道：「心中有魔，難成正果！惜哉！惜哉！」

這個和尚對待世事都持著一種不滿的心態，所以不能安於現狀，不斷地抱怨。但是，他的抱怨，也讓他無法修成正果。何必不滿，何必抱怨：「牢騷太盛防斷腸，風物長宜放眼量。」

現實就是，我們首先要坦然面對，如果只會發牢騷，那麼，我們將在牢騷中錯過了人生正點的班車，還會在抱怨中錯過了下一次坐正點班車的機會。當我們對現實不滿的時候，牢騷滿腹的時候，不妨轉換一下心情，讓樂觀主宰自己，遠離自己的心魔，相信成功離你不遠了！

生活也是這樣，不管做什麼事，只要我們遠離抱怨，將我們的抱怨，化作我們前進的動力。這個世上就沒有過不去的火焰山。風雨過後，才會見到彩虹，我們只有走出抱怨，才能體會到生活的幸福。

泰戈爾說：如果錯過了太陽時你流了淚，那麼你也要錯過群星了。

如果稍有不順，你就讓不滿左右自己的情緒，那麼你失去的將會更多！一個讓自己快樂工作的人，一定能將工作做好，這也是幸福的前提。在我們抱怨的時候，何不學著把看事情的角度稍稍修正，將自己從心魔中解脫出來，站在另一個角落看自己。要懂得縮小自己，才能看見自己的缺點。任何抱怨都是無濟於事的，勇敢地面對現實吧，用自己的鬥志和勇氣去征服現實！走出抱怨，才能讓我們走向幸福。

6 懂得放棄才能有所收穫

每個人都有過很多夢想，但不是每個夢想都是能夠實現的，如果你總是懷著過高的奢望，那麼你的生活就會變得灰暗。在一個人的人生旅途中要有所獲得，你就必須學會選擇，懂得放棄。幾十年的人生旅途，會有山山水水，風風雨雨，有所得也會有所失，只有學會了放棄，你才擁有了一份成熟，才會活得更加充實、坦然和輕鬆。

齊浩曾在一家公司工作，後來那家公司倒閉了，他就失了業，只好重新去找工作。可是，找了半年，他依然在家裏待業，苦悶極了。

父親問他：「這半年裏，難道就沒有一家公司願意錄用你？」

齊浩說：「有，可是工資太低了。」

父親說：「工資低就低吧，先做做看再說。」

齊浩說：「那怎麼行？我一定要找一個比我之前那家公司月薪還要高的工作。」

父親沒有說什麼。過了一會兒，父親又對齊浩說：「既然現在沒事可做，那你今天就跟我去賣一天菜吧。」

齊浩和父親賣的是菜花。在市場上一擺開，就有一個中年婦女來問：「這菜花怎麼賣？」

父親說：「一塊錢一斤。」

中年婦女說：「人家的菜花最多九毛錢一斤，你怎麼要一塊錢一斤？」

父親說：「我的菜花是全市最好的。」

中年婦女撇撇嘴，連價都不還就走了。

他們的菜花確實是全市最好的，賣一塊錢一斤合情合理。可是一連幾個人來問過價後，都不買。齊浩有點兒著急了，就對父親說：「要不，咱們也賣九毛錢一斤吧？」

父親說：「急什麼？我們的菜花這麼好，還怕沒人買？」

說話間，又有一個人來問價了。父親依然說一塊錢一斤。這人實在喜歡他們的菜花，就是嫌太貴了，他軟磨硬泡，一定要父親減一點兒，可父親就是不鬆口。那人咬咬牙說：「減五分，九毛五一斤，我全要了。」

父親說：「少一分不賣。」那人只好歎了口氣，走了。

時間不早了，買菜的人越來越少，菜價開始往下跌。

旁人的菜花大部分都賣完了，剩下沒賣的已經降到了六毛錢一斤，他們再叫一塊錢一斤就被人笑話了，只好降到七毛錢一斤。還是沒有人買，齊浩說：「我們乾脆也賣六毛錢一斤算了。」

父親說：「不行，我們的菜花是最好的。」

中午過後，菜價跌得更厲害。菜花不能隔夜賣，接下來價格跌得更慘，六毛、五毛、四毛，黃昏的時候，有人乾脆論堆賣。兩塊錢一堆。他們的菜花經過一天日曬，早已毫無優勢了。天快黑時，一個老頭用一塊五毛錢買走了他們的一大堆菜花。

回家的路上，齊浩埋怨父親說：「早上人家給九毛五一斤你為什麼不賣？」

父親笑笑說：「是呀，那時候出手該有多好，可早上總以為自己的菜花值一塊錢一斤，就像你現在總以為自己月薪必須更高一樣。」

第二天，齊浩就到一家公司去上班了。

學會選擇就是審時度勢、揚長避短、把握時機；懂得放棄就是卸下人生的種種包袱、輕裝上陣，等待生活的轉機。選擇和放棄是人生的一種智慧，是一種處世的態度。一個人能否成功，固然要靠天才，要靠努力，但學會選擇和放棄，及時把握時機，有嘗試的勇氣，有實踐的決心，也是非常重要的。

執著是睿智的追求，而固執則是病態的死撐。有些事，明知道是錯的，也要去堅持，因爲不甘心放棄。這時候的執著就是固執，它成了一種負擔，而放棄就是一種解脫。每個人都有固執的時候，這絕不是危言聳聽，只是大部分人沒有達到較深的病態狀況。幸福沒有滿分，勇於放棄才能有所收獲，否則只是苦了自己。

7 立刻行動，跟拖延症說拜拜

佛蘭克林曾說過：「把握今日等於擁有兩倍的明日。」「現在」這個詞對職場有著決定性的意義，而「明天」、「以後」之類的托詞，我們平時聽得也不少。這些敷衍工作的態度表明著你的懶散，表明你事事找藉口的習慣。而習慣將「明天」作爲藉口的員工，永遠也不會有完成任務的一天。這樣的員工永遠是滯後的、失去工作激情與責任的人，很難得到更好的發展。

拖延會侵蝕人的意志和心靈，消耗人的能量，阻礙人的潛能的發揮。處於拖延狀態的人，常常陷於一種惡性循環之中，從而影響每一天的心情與工作。

拖延的表現形式多種多樣，其輕重也有所不同。比如，瑣事纏身，無法將精力集中到工作之中，不願意自己主動開拓；雖然下定決心立即行動，但總找不到行動的方法；制定了完整的工作計畫，卻發現實施起來非常困難，所以做事磨磨蹭蹭，讓問題久拖不決；情緒低落，對任何工作都沒有興趣，也沒有什麼人生的憧憬。

有許多這樣的人，他們大清早就被鬧鐘從睡夢中驚醒，一邊想著自己的計畫，一邊又在懷念被窩裏的溫暖，一邊告訴自己該起床了，一邊又在對自己說——再睡一會兒吧！就這樣，五分鐘過去了，十分鐘過去了……人們找藉口總是那麼理由充分，然而卻難以把工作做好。其實，一個人如果能把時間和精力用到正事上來，是肯定能取得一番成績的。

在海爾廣為流傳著一個崔淑立「夜半日清」的故事：崔淑立接任洗衣機海外產品經理的時候，大家告訴她說：「美國的客戶是非常難拿下的！」因為前幾任經理都對這個客戶束手無策，幾次嘗試都無功而返。

真有這麼難嗎？崔淑立心裏暗暗地較著勁。有一天，崔淑立一上班就看到了客戶發來的要求設計洗衣機新外觀的郵件。因時差的原因，此時正是美國的晚上。崔淑立想，如果能即時回覆，客戶就不用再等到第二天了！從這天起，崔淑立決定以後晚上過了十一點再下班，這樣就可以在美國上午的時間裏處理完客戶的所有資訊。

連續三天過去了，由於溝通及時，產品開發部很快完成了新外觀洗衣機的設計圖。就在決定把圖樣發給客戶時，崔淑立認為還必須配上整機圖，以免影響確認。當她「逼著」自己和同事們把整機外觀圖一併發給客戶時，已經是夜裏十二點了。

大約凌晨一點，崔淑立回到家中立刻打開電腦，看到客戶的回覆：「產品非常有吸引力，這就是美國人喜歡的。」這一刻，她滿是欣慰，高興得睡意全無。

客戶被崔淑立的敬業精神和負責態度打動了，跟進速度非常快，客戶的第一批訂單就這樣搞定了！

其實，市場沒有變，客戶沒有變，拿大訂單的難度也沒有變，變的只是一個有競爭力的態度。

多好的計畫，都不如一次真正的實施；多美妙的空想，都不如一次實際的行動。下決心其實並不困難，難的是付諸行動。不要把事情都推到明日，而要今日事，今日畢。你會發現，在你每天完成工作的時候，你已經在進步、提高了。

所以我們說，要想在職場中脫穎而出，最有效的方法就是讓手中的工作結束在「昨天」。對上司交代的工作，要在第一時間內進行處理，爲公司節省時間，帶來更大的效益。

從前，有一位青年畫家把自己的作品拿給大畫家柯羅請教。柯羅指出了幾處他不滿意的地方。

「謝謝您。」青年畫家感激地說：「明天我一定全部修改。」

「明天？」柯羅激動地問：「為什麼要等到明天？您想明天才改嗎？對於一個年輕人來說，做什麼事都得把握眼前，容不得半點拖延！」

比爾．蓋茨說過：「過去，適者生存；而在今天，只有最快處理完事務的人能夠生存。」

如果你存心拖延逃避，你就能找出成千上萬個理由來辯解爲什麼事情無法完成，而對事情應該完成的理由卻想得少之又少。

「我很累了，應該休息一下，剩下的工作明天再做吧。」

「現在下雨了，我改天再去吧。」

「現在有人約我出去，改天再做吧。」……當受惰性的控制，不想去做某些事情的時候，很自然地就爲自己找了類似上述的藉口，然後獲得心理安慰，心安理得地把這件事丟在一邊了。事實是，這些事情你早晚還是要去做的，找藉口的結果無非是把這些事拖後。

一件事情，如果是你想做的，那麼就趁自己熱情高漲的時候馬上動手，這時候會效率很高。如果這件事情你不喜歡做，但是又必須做，那麼拖延也沒有用，只能是消極逃避而已，而且拖得越久，你就會越不想做。

記住一句話：一件事，你想做總是有辦法的，不想做總是有理由的。改變你的習慣，事情一到就馬上解決，那麼就再也沒有堆積如山的任務來威脅你，你永遠都不會再被包圍在緊張和煩惱中了。

8 心懷感恩，活在當下

人都是在一定的社會條件下生活的。每個人的成長不僅取決於個人的主觀努力，還取決於本身的生活環境。歷史上有的時代人才輩出，群星燦爛，而有的時代則萬馬齊喑，其中一個很重要的原因，就是社會環境的不同。社會環境是人才成長必不可少的客觀條件，是人才成長、發展的土壤。

雖然，每個人的成長都離不開一定的時代條件，但是，任何人也不能主觀地去選擇時代，只能在一定的條件下，去認識時代爲你提供的條件，進而加以改造和利用。也就是說，每一個人不僅有一個認識環境的任務，還有一個改造環境的任務，要減少壓力，離不開這兩項任務。

是順境有利於人的成長發展，還是逆境有利於人的成長發展？有人提出逆境出人才論，並舉出屈原、司馬遷、孫臏的例子，可謂艱難困苦，玉汝乃成。也有人反駁說：逆境不是窒息了眾多的潛在人才的發展嗎？於是，又有人提出順境出人才。

其實，生活的海洋並不平靜，人生的道路也不會總是一帆風順，立志成才者難免會遇到種種挫折、不幸，如政治上的打擊，家庭中的不幸，身體上的病殘，心靈上的創傷等。這種惡劣的環境是對每個人的一種沉重打擊。但身處逆境而能奮發崛起，是成功者之所以成功的原因。立志成才的人，只有把握住現在，活在當下，腳踏實地一步步向前，才能最終戰勝壓力，並到達成功的彼岸。

有一位善於解決人生困境的老師，身邊聚集了許多慕名而來的弟子。這些弟子有什麼疑問都來問老師，老師總是說：「要活在當下呀！」

但是，「活在當下」這一簡單的答案，無法滿足弟子們的要求，他們總是懇求老師給一個更深奧和更詳盡的解答。

這時候，老師就會面有難色地說：「好吧！既然如此，等我查一查古代的聖賢是怎麼說的，明天再告訴你們，對於這麼深奧的問題，他們一定有很好的答案呀！」

原來，老師有一本大書，記載了古代聖賢最重要的智慧，鎖在書房最高的櫃子裏，由於這本書是如此珍貴，他嚴禁任何弟子靠近。

第二天，等老師翻過那本大書，弟子就會得到一個充滿智慧的答案。可是，如果有了新的問題。老師又說：「要活在當下呀！」

弟子不滿意的時候，老師會再一次翻閱大書，說出一個充滿智慧的解答。

這樣一而再、再而三，一年一年地過去了，日子久了，弟子開始對老師起了質疑：「老師只懂得一句『活在當下』，這是任何人都知道的事呀！不像古聖先賢，真的充滿了智慧。」

一個弟子說：「老師自己並沒什麼智慧，他只知道活在當下！」

另一個弟子說：「老師的智慧和我們沒有什麼差別，差別只是他有一冊聖賢的書，如果擁有那本書，我們自己就可以當老師了。」

還有一個弟子說：「這個老師真的太差勁了，我們是來自各地的精英，誰不知道活在當下呢？這句話也輪得到他來說嗎？我們想學的是歷代聖賢的言論和思想呀！」

在背後議論老師久了，許多弟子都生起了這樣的想法：

「等到老師死了，我只要搶到那本聖賢書，就可以做老師的繼承人，收很多的弟子，為別人解決生命的困境！」

老師漸漸老了，終於要告別人間了，他並沒有指定任何的繼承人，也沒有把聖賢書交給任何的弟子，他只說了一句遺言：「要活在當下呀！」就咽下了最後一口氣。

老師死後，弟子們不但沒有哀傷，反而一擁而上，衝進書房，爭奪那鎖在最高櫃子裏的聖賢之書，甚至因為搶奪太激烈，把書櫃都打碎了。他們把那本大書撕成好多殘篇，才發現那本書根本是空白的，一個字也沒有。

只有書的封面有老師的筆跡，寫了四個大字「活在當下」。

眾弟子們尋求一生的答案，便是老師的那句「活在當下」，但當他們領悟的時候，老師卻已經死了，這不能不說是一種遺憾。記得在有一期的《藝術人生》中，看到眾多青年人的偶像劉德華感歎：「二〇〇四年最大的收穫：懂得了『活在當下』。」異曲同工，或許親身經歷了什麼，或許親眼見到了什麼，才發出如此感慨，絕不是閉門造車萌生出來的。

每一個人都有所追求，都在追求幸福快樂的生活，在這付出、奮鬥的過程中就已經是「活在當下」了，只是潛意識中沒有更深的體會。讓快樂或痛苦匆匆而過，沒來得及慢慢品味，就讓一天天像山澗水一樣流逝。

快樂時，如果用物理學的名詞來說，就是勢能大一些，水流快一點，發出的響聲也更清脆輕快，時間過得如此之快；痛苦時，排水的勢能小而覺得難過極了，發出的響聲也是悶悶之音，每一分鐘都是鑽心的痛楚。對自己的生活要珍惜，對自己的生命要仰視和敬畏，就像登山人對珠穆朗瑪峰的敬畏一樣，不要用征服的字眼，要用感恩的心情來攀登。

第三章

回顧你所感受到的友情、真誠和關懷

每個人都有自己的老朋友，或許你們已經很久不聯繫，已經好久沒有想起彼此，但曾經在一起度過的那些美好時光，你還記得嗎？想起彼此帶給對方的歡樂，你是不是還發出會心一笑。有些人總是會慢慢地淡出你的世界，慢慢地在你的記憶裏模糊，但老朋友就像是舊的明信片，看到他就看到回憶中的自己。

1 聯繫一次多年未見的老朋友

英國文藝復興時期作家、哲學家培根說：「老木柴最好燒，老酒最好喝，老作家的著作最值得讀，老朋友最可靠。」感情越老越值錢，老朋友的意義在於互相感慨彼此的變化。

每個人都有自己的老朋友，或許你們已經很久不聯繫，已經好久沒有想起彼此，但曾經在一起度過的那些美好時光，你還記得嗎？想起彼此帶給對方的歡樂，你是不是還會發出會心一笑。有些人總是會慢慢地淡出你的世界，慢慢地在你的記憶裏模糊。也許因爲時間、因爲距離、因爲沒有時常聯繫。很多人寧願找些陌生人或者自己不熟悉的人聊天，也不願意和以前的好朋友聊天。也許，你根本不知道你們要聊什麼，也不知道要從何聊起。因爲時間長了，慢慢疏遠了，漸漸地陌生了。

現在的網路固然是很發達的，然而當你偶然想起自己的老朋友，習慣性地打開空間，然後看到上面的顯示：「抱歉，該空間僅對主人指定的人開放」或者「你沒有存取權限」的時候，一切感情又歸於淡然了。有些好友只是在逢年過節的時候才會發下「祝福」的簡訊，實際上還是群發的，你沒有刻意想要去挑選那個人，雖然你們彼此之間很熟悉，但是現在卻多了些陌生的感覺。對於那些新的朋友來講，那些老朋友更能夠找到原來的自己，因爲**老朋友就像是舊的明信片，看到他就看到回憶中的自己**。

那天萱正在上班的時候，突然接到一個朋友的電話。電話那頭的聲音很陌生卻又很熟悉，對方讓她猜是誰，萱抱著懷疑的態度說出了一個名字。果然是他！一個許久不曾聯繫過的朋友，萱一下子覺得很親切。

電話那頭的軍已經背井離鄉，遠在美國，多年沒有聯繫。記得最後一次見面的時候，萱還在一個私企當文秘，軍特地跑來跟她道別，說去美國讀書。當時萱不以為然，覺得像軍那樣的紈絝子弟去國外讀書只是一個幌子，不過去玩玩罷了。後來軍真的走了，這一走他們就再也沒見過面。

三年後的一天，軍突然出現在校友錄上，附了留言和照片，說要結婚了，老婆還是個美國姑娘。大家在校友錄上評論一番，但兩人還是沒見面，沒聯繫……

一晃眼五年過去了，當萱被忙碌的生活漸漸遺忘曾經的點滴時，軍突然給她打電話。電話那頭的他現在已定居在美國，美滿的婚姻生活讓他覺得很幸福，他不停地勸萱趕緊結婚，萱一下子覺得很溫暖。在國內，在女孩子面前誰都不好意思提「大齡」兩字，而軍卻直言不諱地說著。可見，雖時隔多年，當初的友誼依然那麼醇厚，讓人久久回味。

很多人被忙碌的生活牽制著，和昔日的朋友漸漸地失去了聯繫。當停下來閉上眼睛回憶往事時，我們會發現其實我們真正的理想就是讓自己變成世上最幸福的人。而真正的快樂只是來源於生活的點點滴滴。比如接到許久不曾見面的朋友的一個電話，那一刻感到無比幸福，因爲在某一刻，某一點上，正有一個人想起我們……

走過了多年的歲月，當你逐漸變得現實，逐漸被社會同化，當你在工作中再也找不到那樣純潔、真摯的友誼時，給自己一個機會，一個時間，去回首，去回顧多年來你所感受到的友情、真誠和關懷。這些誠摯的感情，讓我們不再感到孤單和寂寞，去聯繫他們吧，給他們一個電話，一聲問候。

有一個富翁，年輕時家裏很窮，父母都是農民，他從小到大一直在一種饑餓和窘迫之中度過。節日的新衣服、過年的壓歲錢、喜慶的爆竹、父母的呵護……這些本該屬於孩子的專利，都與他無緣。

最使他難忘並終生感恩的是小夥伴們對他無私、真誠的幫助和呵護。只要小夥伴手裏有兩塊糖果，肯定就會有他的一塊；夥伴手裏有一個饃饃，那肯定有他的一半。在貧窮和饑餓之中，還有什麼比這些東西更寶貴呢？

一眨眼三十年過去了。在這段時間裏，世界上的許多事情都變了模樣。此時，富翁步入中年。外出闖蕩的他已今非昔比。三十年的奔波勞碌、摸爬滾打，算計別人也被人算計，富翁一路風塵地走過來了，成為一個穩健、精明、魅力非凡的企業家。有一天，少小離家的他動了思鄉之念，於是在一個豔陽高照的日子，富翁回到家鄉。當日，他走遍全村，感謝叔伯大爺、兄弟姐妹這些年來對父母的照顧，並給每家送了一份禮品。夜裏，富翁在自家擺桌請客，赴宴者全是從小光著屁股一塊兒長大的玩伴，他們自然也是四十多歲的中年人了。

按當地的風俗，赴宴者都要帶點禮品表示謝意。大家來的時候，都帶著禮品，有的還很豐厚。富翁令人一一收下，準備宴席之後，請大家帶回。當然，還有自己饋贈的禮品。

正在大家熱熱鬧鬧、布菜斟酒的時候，門開了，一個兒時舊友走進門來，他的手裏提著一瓶酒，連聲說：「對不起，我來晚了。」

大家都知道這個朋友日子過得很艱難，其情其境，一點兒不亞於富翁兒時。富翁起身，接過朋友提來的酒，並把他拉到自己身邊的座位上坐下，朋友的眼裏閃過幾絲不易覺察的慌亂。

富翁親自把盞，他舉著手裏的酒瓶，說：「今天，我們就先喝這一瓶酒，如何？」一邊說，一邊給大家一一倒滿，然後他們一飲而盡。

「味道怎樣？」富翁問。所有赴宴者面面相覷，默不作聲。舊友更是面紅耳赤，低下了頭。

富翁瞧了一眼全場，沉吟片刻，慢慢地說：「這些年來，我走了很多地方，喝過各種各樣的酒，但是，沒有一種酒比今天的酒更好喝，更有味道，更讓我感動……」說著，站起身，拿起酒瓶，又一次一一給大家斟酒，「再乾一杯！」

喝完之後，富翁的眼睛濕潤了，朋友也情難自抑，流淚了。

他們喝的哪裏是酒，分明是一瓶水啊！

這是多麼感人的場面，沒有比這更寶貴的東西了。貧窮的朋友，提著一瓶水也要去看望兒時的玩伴，發跡的富翁，喝著這碗「水酒」，不以爲意，反而大受感動，情不自禁，以致淚下。生活中，無論一個人多麼發達，總還有曾經的根，在生活中拚搏累了，總會感慨曾經的歲月。在那些特殊的歲月裏，那些質樸、天真、善良的朋友，他們總留著一個非常的角落，供疲憊的你小憩，安慰你受傷的心靈。

不要丟掉自己的陳年故友，不要讓時光割斷一切友誼。你應該聯繫一下自己的老友，也許未見多年，但是你們彼此之間的感情依舊是很濃烈的，如果不是如此，至少你們之間應該是最能夠給自己帶來回憶的那個人了，也許年輕的心隨著歲月的流逝已經老去，但是記憶總是在你看到那個人的時候，依舊恍如昨日。

拿起你手中的電話，聯繫一下你當年的老友，或者通過發達的網路，尋找一下自己失散多年的老友，無論彼此之間的友誼是否變淡，請遵守當年明信片上那「友誼永存」四個字的承諾。

2 不求回報地幫助一個陌生人

華羅庚說：「人家幫我，永世不忘；我幫人家，莫記心上。」不求回報的幫助陌生人，就像狄更斯所說的那樣：「世界上能爲別人減輕負擔的都不是庸庸碌碌之輩。」你也將會是一個了不起的人。

現在社會中，幫助陌生人，已經是一件再尋常不過的事情了。只要我們經常翻閱報紙雜誌，就知道在這個世界上還是好人多，只要一方有難，就會得到八方支援。當看到一些陌生人得到了幫助，那份感激與感動就會油然而生，不僅溫暖了自己，也警醒了自己。

中國有句老話：「贈人玫瑰，手有餘香。」有的時候能夠幫助別人只是舉手之勞，卻能溫暖別人一生，甚至幸福一生，同時自己也能夠得到不少的快樂。一個人一生中至少應該幫助一次陌生人，不求回報，不求他人的關注。有一首歌的歌詞寫得很好「只要人人都獻出一點愛，世界將變成美好的人間」。人這輩子有可能做過一些對不起別人的事，也有可能受到過別人無理由的幫助，其實也應該不求回報地幫助一個陌生人，這樣的人生才算完滿。

一個窮苦學生為了付學費，挨家挨戶地推銷貨品。到了晚上，發現自己的肚子很餓，而口袋裏只剩下一個硬幣。然而當一位年輕貌美的女孩子打開門時，他卻失去了勇氣。他沒敢討飯，卻只要求一杯水喝。女孩看出來他饑餓的樣子，於是給他端出一大杯鮮奶來。

他不慌不忙地將它喝下，並且問：「應付多少錢？」

而她的答覆卻是：「你不欠我一分錢。母親告訴我們，不要為善事要求回報。」

於是他說：「那麼我只有由衷地謝謝了！」

當他離開時，不但覺得自己的身體強壯了不少，而且信心也增強了起來，他原來已經陷入絕境，準備放棄一切的。

數年後，那個年輕女孩病情危急。當地醫生都已束手無策。家人終於將她送進大都市，以便請專家來檢查她罕見的病情。

他們請到了郝武德·凱禮醫生來診斷。當他聽說，病人是某某城的人時，他的眼中充滿了奇特的光輝。他立刻穿上醫生服裝，走向醫院大廳，進了她的病房。

醫生一眼就認出了她。他立刻回到診斷室，並且下定決心要盡最大的努力來挽救她的性命。從那天起，他特別觀察她的病情，經過漫長的奮鬥之後，終於讓她起死回生，戰勝了病魔。

最後，計價室將出院的帳單送到醫生手中，請他簽字。醫生看了帳單一眼，然後在帳單邊緣上寫了幾個字，就將帳單轉送到她的病房裏。

她不敢打開帳單，因為她確定，需要她一輩子才能還清這筆醫藥費。

但最後她還是打開看了，然而帳單邊緣上的一些東西，引起了她的注意。

她看到了這麼一句話：「一杯鮮奶足以付清全部的醫藥費！」簽署人：郝武德．凱禮醫生。

幫助別人往往就是給自己留下生機與希望，每個人都不應該吝惜對別人的幫助。而且幫助別人的好處不在於得到一些回報，而在於避免發生一些不好的事情。可以避免發生不好的事情，這就是助人爲樂的最大益處。

盡你所能去幫助那些需要幫助的人，是一件很簡單的事情。不要吝於伸出你的雙手，也許你一個簡單的愛的動作就能讓處於困境中的人看到生命的陽光，看到人間的溫情。

3 挑一個午後，和你的鄰居聊聊天

「遠親不如近鄰」，是中國傳統文化對鄰里關係的期待性認知。受居住空間的影響，相居一處的鄰里是「抬頭不見低頭見」的接觸最頻繁的群體。如果鄰里關係友好和睦，其「人居場」就寬鬆適宜、心情舒暢；反之，就會感到很彆扭，難以融入「人居場」之中。所謂「現代都市病」，大凡因混凝土文化使然，表現出冷漠、孤獨、自閉、家庭不穩定等心理疾病。

人的一生能夠在茫茫人海中比鄰而居，不論時間長短，也可說是一種緣分。真想緣分能夠繼續，雙方就應該互相關心、幫助和尊重。平常的生活無論是樓道裏的一聲問候，還是見面的會意一笑，都是呵護鄰里緣分的一次良機。

「這些是什麼東西？」莫恩太太看了一眼丈夫手中拿著的一疊小紙條。

莫恩把一張小紙條放在桌子上，「如果我請鄰居們來喝一杯茶……」他指著紙條上的字，念著。

紙上是一幅畫。左上方是一個垂首微笑的太陽；太陽下是一幢又一幢的城市大樓，窗戶有關著的，也有打開的：窗子如果打開，便有一個或兩三個人探出半身來，和另一扇窗子的人微笑、握手或談話。他們均有愉快的面貌，十分高興見到鄰居；屋頂上，彩色氣球升起來了，為了增加節日的氣氛；天空中，白色的鳥兒在飛翔，為了表示自由和舒暢。紙條上的文字：「親鄰行動，屋宇節——如果我請鄰居們來喝一杯茶！」

「這是什麼意思？」莫恩太太仍舊不明白，等待丈夫作詳細的解釋。

莫恩告訴她，本區的超級市場，發動人們過一個新的節日，名為屋宇節，希望住在同一樓宇的人，在六月九日這一天，互相邀請，見見面，同喝一杯茶。這就是親鄰行動。超級市場印了一些紙條。免費派發，人們可把它們用作邀請卡。莫恩把紙條翻過來，「你看，背後便是邀請卡，印了時間、地點、邀請人、被邀請人等欄，只待填寫。」

莫恩太太睜大了眼睛，「你的意思是說，我們要做主辦人，邀請這一幢樓宇的住客來我們這兒喝茶？」

莫恩笑嘻嘻地反問：「為什麼不可以？」

嫁給這個男人已逾十年，做妻子的仍舊認為：莫恩是一個她難以明白、不容易瞭解的人。

幸好莫恩太太雖然不能完全瞭解丈夫，但她憑著直覺，相信丈夫在表面的童稚下，藏著一顆珍貴的人性的心。只是關於親鄰行動，做妻子的卻很難和丈夫有同樣的熱心。超級市場之所以發動大家過這樣的節日，不外是替店家做宣傳，主要目的是希望人們前來購物。

不熱心的莫恩太太為了不違丈夫的意，也只得拖著購物小車子，去超級市場購物。莫恩早已花了一個上午時間，在邀請卡上填寫了各鄰居的姓名、喝茶的時間和地點。他一共填寫了二十張，並把它們分別放進各戶的信箱裏。

莫恩太太歎了一口氣，她擔心到時候一個鄰居也不會出現。在這棟樓宇居住已有兩年，她只認得幾張臉孔。在電梯中或信箱的前面遇見時，大家客氣地說一聲「早安」，如覺得有「交談」的必要時便說今天的天氣好，或是不好，更進一步的便說，明天的天氣可能更好，或更不好。除此之外，莫恩夫婦不認識鄰居，鄰居也不認識他們。如今他們要回應親鄰行動，做主辦人，鄰居們會怎樣想？有些什麼反應？他們會應約前來嗎？

莫恩太太的擔心是完全有道理的。

首先，打開信箱的只有十九人。有一戶人家，早已遷出。其餘十九人，有十二個把邀請卡和其他信件及廣告掏出後，粗略地看一眼，認為邀請卡是廣告之一，便順手把它和其他廣告丟進垃圾箱中。餘下的七個開信箱的人，看到卡上所寫的邀請日期、時間和地點——莫恩夫婦家。

誰是莫恩夫婦？有三個人茫然了，他們肯定這是某人在「開玩笑」，不值得理會，不用和家人提起，把邀請卡丟進家中的廢紙籃裏，轉一個身，完完全全忘卻了此等無聊的小事。

有兩家人在六月九日晚上早有約會，他們是沒空的，即使他們相信邀請卡不是一個玩笑，也實在無法參加。當然，如果他們是有禮貌的人，是應該回覆一張小紙條或小卡片，多謝邀請，並道歉一聲，說真不湊巧呢，他們偏在這個晚上有約會，但他們沒有這樣做。並非缺乏教養，而是覺得像這麼鄭重的回覆，總顯得彆扭吧。邀請人大概想著「願者自來」，不願或不能來的便不來好了，是不等待有人回覆的。

其餘的兩戶人家，曾在超級市場內看過這些邀請卡，知道有「親鄰行動」這件事，他們想：商店的宣傳手法，實在層出不窮，沒想到竟有人認了真！他們大概知道莫恩夫婦是誰，即使雙方從來沒作正式的交談。姓黃的那一家認為莫恩夫婦，特別是莫恩，顯得有點怪怪的。姓杜的那戶人家，對莫恩沒有特別的不滿，看著邀請卡，決定不了是否去赴會，一向，他們害怕和人打交道，如被迫在社交場合中露面，杜氏夫婦永遠是沉默無言。他們有兩個小孩，性情和父母完全相反，整天不斷發出聲音，更愛推移傢俱，攪亂小陳設。杜先生和太太，怎敢把這兩個孩子帶往不熟識的人家中。他們相信莫恩的誠意，但不能赴會，自有他們不得已的苦衷。

六月九日，莫恩夫婦忙碌了大半天。

首先，要把客廳空出來，讓客人有走動的地方。他們合力把書桌沙發椅等全推近牆，騰出空間，擺放了折椅。當然，如果全體住客一同出現，不會有足夠的椅子供他們坐下來，至少有一半人需要站著，「像園遊會那樣！」莫恩笑著說。

在客廳的一邊，他們放下飯桌，鋪了一張華麗的天虹色彩的布，桌上放滿各式飲品，有果汁、紅酒，也有自製的雞尾酒；碟子和碗裏，盛著小吃：花生、餅乾、蛋糕、糖果……莫恩夫婦沒有忘記在飲品和食品中放下一個大花瓶，瓶中插著開得燦爛的紅玫瑰。他們的露臺上，也有一株玫瑰花樹呢，六月，是花開的季節。今晨，妻子把一束玫瑰剪下來。心想：「要是一個人也不出現……」

在六月九日這一天的黃昏，莫恩的妻子擔心的是有沒有鄰居應約前來，她不願意看到莫恩失望的臉色。她把玫瑰花插好了，再沒有其他事情可做。夫妻相看一眼，像是互相鼓勵和安慰，各自挑了一張椅子坐下來，各人打開一本書閱讀，開始等待。

半個小時過去了。露臺上，偶然飛來一兩隻灰鴿子，大概是累了，在欄杆上歇歇腳，但是不久又飛開。

一小時過去了，西方的天色，雖仍晴亮，但已隱隱地透著一點兒金黃。難道黃昏真的要抽身離開，讓莫恩夫婦度過一個寂寞而難堪的晚上？

妻子不敢開口說什麼。再等一會兒？等至晚上七點鐘？她已不相信會有鄰居出現，邀請卡上寫的是下午五時。她再看一眼掛鐘（怎麼掛鐘的滴答聲音比平時來得更響？），六時三十分。她想：再等上半小時。她便要把所有飲品、小吃等拿回廚房，把傢俱重新調動，使客廳恢復本來的樣子，然後……她可有做晚飯的心情？還是向丈夫提議：兩人出外，度過這一個晚上？丈夫能接受現實，不太傷心嗎？

快七點了，妻子偷眼看莫恩，他平靜地站在露臺上，看著遠山。西方的天際，掛上了一片輕巧的紅霞。

突然，門鈴響了，妻子給嚇了一跳，她來不及通知露臺上的丈夫，趕緊去開門，像害怕走遲一步，門外的人便會消失。是哪一個鄰居來赴約呢？不會是推銷員吧？她把門打開，一個和氣的中年男子站在門外，是她從沒見過的一張臉孔。她想：我當然不認識住在這樓宇內的每一個人……但他真是應約前來嗎？對方像猜中她的疑惑，微笑著先開口了：「我是剛搬來的新鄰居，謝謝你們的邀請。我可以進來，和你們喝一杯茶嗎？」

莫恩的妻子幾乎是感激涕零了：「請進來啊，請進來啊！」

來客踏步進門，莫恩妻子把門帶上，一轉身，看到來客的背，她呆了。

來客的背上，發著光，她清楚地看到一雙小小的、白色的翅膀。她失聲說：「你……」

對方「噢」了一聲，「我忘了！」以手輕拍肩膀。翅膀消失了。

莫恩妻子掩著口：「你是……」

對方把右手的食指放到唇間，「噓……」再輕聲地說，「告訴莫恩，客人來了！」

莫恩的熱情被忙碌的鄰居漠視，然而，即便是天使，也被這日漸消失的溫情打動了，於是，他應邀來到莫恩家喝下午茶。

其實，鄰里緣分還真如一把鎖，打開不難，鎖上也容易，但鑰匙就在你自己手中，關鍵在於你願不願意去打開它。門關上了，人們渴望交流的心並沒鎖起來。作爲群居動物，人與人之間其實都渴望相互依賴、相互支持。過日子，誰家沒有個頭疼腦熱，哪能萬事不求人。

其實很多新住戶都希望認識周圍的人，但是卻苦於沒有溝通管道。

所以，你也可以，在一個閑下來的某個週末的下午，誠摯地邀請你的鄰居，到你的家裏。

4 拜訪你生命中的恩師

東晉醫學家、道學家、煉丹家葛洪說：「明師之恩誠爲過於天地，重於父母多矣。」在有生之年，拜訪一次那個在你危難之時幫助你，在你低落之時鼓勵你的恩師，不要給自己的人生留下任何的遺憾。

在你的生命中，是否曾出現這樣一個人，他可能沒有對你傳道授業，然而，他能夠一眼洞察你的潛力，永遠祝福你，不斷給你新的嘗試，在你失落時，讓你看到希望；在你得意時，爲你敲響警鐘，使你不致偏離軌道。他讓你深信你一定會成功，在平時他是你學習的典範，在特別的時刻，他會助你一臂之力。他就是你生命中永不可忘懷的恩師。

有道是：「一日爲師，終身爲父。」一位恩師就相當於你的親生父母那樣，他疼愛你、相信你、鼓勵你，但是唯一不同的是，你的父母能夠得到你的時常探望，但是他卻不能。他在你的生命中本來是一個很重要的角色，卻被你視爲一個匆匆的過客，有些人本不能在你的人生起到什麼大的作用，卻成爲了你生命中永遠的定格。

人生中很多事情都是這樣，當你想要報答或是探望某個人的時候，不要遲疑，時間不等人。不要給自己的人生留下遺憾。

有一個女孩，一生下來就是裂唇，隨著年齡的增長，她越來越發覺自己與眾不同。一跨進校門，同學們就用異樣譏嘲的眼光看她。她認定自己的模樣令人厭惡：畸形難看的嘴唇，彎曲的鼻子，傾斜的牙齒，說起話來還結巴。

同學們好奇地問她：「你嘴巴怎麼會變成這樣？」她撒謊說小時候摔了一跤，給地上的碎玻璃割破了嘴巴。她覺得這樣說，比告訴他們自己生來就是裂唇要好受點。她越來越敢肯定：除了家裏人以外，不會再有人喜歡她、愛她。

上二年級時，學校新來了一位姓金的女老師，剛好教女孩所在的那個班級。金老師微胖，有一雙清澈的黑亮眼睛，很愛笑，一笑起來，露出兩個酒窩，溫馨可愛。每個孩子都敬慕她，喜歡和她親近。

這個學校規定，低年級同學每年都要舉行「耳語測驗」。孩子們依次走到教室的門邊，用右手捂著右邊耳朵，然後老師在她的講臺上輕輕說一句話，再由那個孩子把話複述出來。

女孩的左耳先天失聰，幾乎聽不見任何聲音，她不願把這事說出來，因為害怕同學們會更加嘲笑自己。

不過女孩有辦法對付這種「耳語測驗」。早在幼稚園做遊戲時，她就發現沒人看你是否真正捂住了耳朵，他們只注意你重複的話對不對。所以每次她都假裝用手蓋緊耳朵。

這次，和往常一樣，女孩又是最後一個。每個孩子都興高采烈，因為他們的「耳語測驗」做得挺好。女孩心想，老師會說什麼呢？以前，老師們一般總是說：「天空是藍色的。」或者「你喜歡過年嗎？」等等。

終於輪到女孩了，她把左耳對著金老師，同時用右手緊緊捂住了右耳。然後，悄悄把右手抬起一點，這樣就足以聽清老師的話了。

女孩等待著……

忽然，金老師說了幾個字，這幾個字彷彿是一束溫暖的陽光直射女孩的心田，撫慰了女孩受傷的、幼小的心靈。

這位微胖、很美、溫馨可愛的女老師輕輕說道：

「我希望你是我女兒！」

短短幾個字，改變了女孩對人生的看法，從此，她變得快樂，而且自信和勇氣一天天增長，而那種愛的力量一直伴隨她走過人生路上的風風雨雨。

在你心中，是否也珍藏著一段動人的溫馨故事？你是否會在夢中依稀見到恩師期許的目光和斑斑白髮？你是否還記得那個臨別時的諾言——老師，我會回來看您的！

還猶豫什麼，時間不容等待，就請你，沿著學生時代那條熟悉的小路，去拜訪一次你的恩師吧。

5 結交幾個共患難的朋友

俄國作家克雷洛夫說：「朋友之最可貴，貴在雪中送炭，不必對方開口，急急自動相助。朋友中之極品，便如好茶、淡而不澀，清香但不撲鼻，緩緩飄來，細水長流。所謂知心也。知心朋友，偶爾清談一次，仁愛的話，仁愛的諾言，嘴上說起來是容易的，只有在患難的時候，才能看見朋友的真心。」

西元前四世紀，義大利一個叫皮斯阿司的小夥子觸犯了暴躁的國君猶奧尼索司，被判處絞刑。身為孝子的他請求回家與老父老母訣別。開始總得不到暴君的同意，就在這時，他的朋友達蒙願代他服刑，並且同意：「皮斯阿司若不如期趕回，我願替他臨刑。」暴君這才勉強應允。

行刑之期臨近，皮斯阿司卻查無蹤跡，人們都嘲笑達蒙，竟然傻到用生命來擔保友情！當達蒙被帶上絞刑架，人們都悄無聲息於這悲劇性的一幕時，突然，遠方出現了皮斯阿司，飛奔在暴雨中的他高喊：「我回來了！」他跑上絞刑架，熱淚盈眶地擁抱著達蒙，做最後的訣別。

這時，所有的人都在拭淚。國君出人意料地特赦皮斯阿司，他說：「我願意傾己所有來結識這樣的朋友。」

友情和親情、愛情一樣，都是人類最美好、最純真的感情。每個人都需要可以同患難、共禍福的朋友。因爲個人的力量在自然界、在社會裏都太弱小，而朋友間無私的協作，可以產生最強大的合力。

維克多從父親手中接過了一家食品店，這是一家古老的食品店，很早以前就存在而且出名了，維克多希望它在自己手中能發展得更加壯大。

一天晚上，維克多正準備關上店門，突然看到店門外站著一個年輕人，衣衫襤褸，典型的一個流浪漢。維克多是個熱心腸的人，他走了出去，對那個年輕人說道：「小夥子，有什麼需要幫忙的嗎？」

年輕人問道：「這裏是維克多食品店嗎？我是從墨西哥來找工作的，可是整整兩個月了，我仍然沒有找到一份合適的工作。我父親年輕時也來過美國，他告訴我，他在你的店裏買過東西，喏，就是這頂帽子。」

維克多看見小夥子戴著一頂十分破舊的帽子，那個被污漬弄得模模糊糊的「V」字形符號正是他店裏的標記。「我現在沒有錢回家了，也好久沒有吃過一頓飽餐了。我想……」年輕人繼續說道。

維克多知道了眼前站著的人是多年前一個顧客的兒子，他覺得應該幫助這個小夥子。於是，他把小夥子請進店內，好好地讓他飽餐了一頓，並且還給了他一筆路費，讓他回國。

不久，維克多便將此事淡忘了。過了十幾年，維克多的食品店越來越興旺，在美國開了許多家分店，他決定向海外擴展，可是由於在海外沒有根基，維克多為此猶豫不決。

這時，他突然收到一封從墨西哥寄來的陌生人的信，寄信人正是多年前他曾經幫過的那個流浪青年。那個年輕人已經成了墨西哥一家大公司的總經理，他在信中邀請維克多來墨西哥發展，與他共創事業。

這對維克多來說真是喜出望外，有了那位年輕人的幫助，維克多很快在墨西哥建立了他的連鎖店，而且發展得異常迅速。

每個人這一生至少應該有一個可以吐露心聲的知心朋友，無論對方是男是女，只要你們彼此信任，能夠在煩惱的時候，訴說心事；在開心時，能夠分享樂趣；能夠在失意的時相互鼓勵然後振作。每個人的心裏都有一個屬於自己的角落，如果在這紅塵之中，能夠有個人解讀你的失意，明白你的困惑，就是你的知心朋友。一個人如果能夠擁有一個知心朋友，真是莫大的福氣。

這個世界上需要知己，需要知心的朋友。朋友多了路才寬廣，心懷坦蕩，世界才清澈透明。女人在這個世界上需要有閨蜜，男人也需要擁有自己的哥們。你需要一個真正坦誠的朋友，在你困惑的時候，能夠給你指引出一條走出困境的道路，可以和你喝酒買醉，也可以陪你無邊際的閒聊，當你真正需要他的時候，他也能第一時間衝到你的面前。

6 預先自發地幫朋友一次

你的朋友是否常對你說「幫我一次，可以嗎？」倘若如此，請改變你的作風，不要老是讓朋友開口求你，試著自發、預先地給予朋友幫助，也許效果會更好。俗話說：「多一個朋友，多一個後盾。」朋友靠的就是互助來維繫，這一次你主動幫助了別人，下一次別人也會主動給予你幫助的。所以，不要吝嗇你的主動和熱情，朋友有難時，自發地給予一些幫助，比朋友開口求你時所得到的效果會更加明顯。

日常生活中，只要朋友需要幫助，並且是急需的、合理合法的，我們就得伸出援助之手，而且這個幫助要在朋友沒開口之前。即使暫時沒有回報，也會有個舒暢的心情做補償不是嗎？如果你在朋友有難之時，總是袖手旁觀，等待友人來求助，再思量是否要提供幫助。你的人脈必然是難以拓寬，難以堅實的。我們要把每一次幫人看作是機會，一次拓展人脈的機會，而機會是自己抓住的，而不是別人給的。

二十世紀七〇年代初，陳玉書帶著家人來到了香港，抵港之初，陳玉書身上只有五十港元。為了一家人的生活，他什麼髒活累活都做過，甚至還去當過「地盤工」，但是仍然難以養家糊口。每天中午，他總是獨自一人就著開水啃麵包，捨不得買報紙，他就撿別人丟棄的舊報紙來看，為了減輕負擔，他和妻子約法三章：「誰也不准生病。」

雖然陳玉書汗流浹背地苦幹，但命運之神卻總是和他開玩笑。不久，填海工程結束，陳玉書也失業了，生活一下子跌到冰點。他不得不又一次四處求職，卻屢屢因僧多粥少而被拒之門外。可偏偏在這時，他的妻子又懷孕了，他的經濟能力無法再撫養一個孩子，只好找醫生給妻子做人工流產。可是，他連醫療費用都支付不起，四處奔走找朋友幫忙，好不容易才湊齊那筆款子。日後，他回憶起那段生活說：「那真是殘酷的人生。」

為此，陳玉書常常陷入苦惱之中。有一天，他到公園小憩，看見一位婦女把小孩抱上秋千，卻幾次都無法把秋千蕩起來。陳玉書主動上前幫了她一把。在交談中，陳玉書得知這位太太是印尼華僑，她的丈夫是印尼領事館的高級官員。

事情總是如此湊巧，不久後，陳玉書的朋友有一批貨在印尼領事館辦商業簽證時遇到了麻煩，陳玉書便找剛結識的這位太太幫忙。朋友的問題不但得到順利解決，並且在稅率上享受了優惠待遇，節省了一大筆錢。陳玉書也因此獲得了自己的第一桶金——五萬美元的酬金。

陳玉書沒有亂花這筆錢，而是用來開創自己的事業。由於他的精明和義氣，結識了大量朋友，人脈逐漸廣闊。最後陳玉書成為了香港著名的「景泰藍大王」。

主動地幫助別人，其實也是一次自我提升。在幫助別人的過程中學習到自己尚未掌握的本領以及經驗，未雨綢繆。可見，當你決定去主動幫助別人，你就已經收穫到一份難得的人生經驗和閱歷了。再加上幫助朋友所得的情誼和人情，我們還有什麼理由不去選擇主動幫助朋友呢？

自發性地幫助別人是一種美德，這種美德會使你的人格更加仁厚、善良，也會使你愈發地受歡迎。當你把自發性地幫助朋友養成一種習慣後，朋友就會依賴你，並且把你當成知己和恩人。

有一位哲人說過：「爲了別人，請把你手中的蠟燭點燃，照亮別人的同時，最先被照亮的，肯定是你自己！」

幫助別人就在幫助自己，給現在的自己一份「明悟」，給未來的自己一份「禮物」。

美國著名作家阿爾伯特·哈伯德曾說：「聰明人都明白這樣一個道理：幫助自己的唯一方法，就是主動地去幫助別人。」

我們需要把朋友圈子打造成一個良性循環的系統，自發性地說明朋友就是這個良性循環的開端。正所謂：「人心換人心，種樹得樹蔭。」只要您願意主動給予朋友幫助，那麼你的人氣就會高漲，你的人脈就會寬闊，朋友間的友誼也會變得堅實起來。

7 做一次志願者，為慈善盡一份力

莎士比亞曾說：「慈悲不是出於勉強，它是像甘露一樣從天降下塵世，它不但給幸福於施與的人，也同樣給幸福於給予的人。」愛人者，人恒愛之；敬人者，人恒敬之。

一個人至少應該捐過一次款，或者獻過一次愛心，這裏面慈善的不是金錢，而是心。有人說：「一個人做一件好事並不難，難的是一輩子做好事。」但是有些人這輩子做了很多的好事，有些人卻從來都沒有做過善事，只是平靜地過著自己的生活。一個有良知的人，至少要爲災區或者其他需要幫助的人捐一次款，甚至你完全可以將自己的錢直接送到有需要幫助的人手中。正所謂「大愛無私，至善無痕」，我們人人都應該以一顆慈善之心，用自己的力量去幫助他人，做到至善至美，這樣才能達到更高的人生境界。

做人要善良是人人都懂得的道理，可是有多少人能夠做到呢？「諸惡莫做，眾善奉行」說起來很簡單，可是做起來是非常不容易，大愛無私，真正的做善事不是爲了引起旁人的欣賞和注意，而是真心地爲他人著想，去寬慰失意之人，撫慰傷心之人。現在社會中有很多行善的人，往往高調地向世人宣佈，自己爲某某災區捐了多少錢，拿了多少東西，其實這到底是不是真的善良，我們無法界定。我們只知道，評價一個人看的不是他有多成功，也不是他有多大的財富，而是看一個人有多大的愛心，有多少至真至善的心。

二〇〇七年二月十六日，在德克薩斯州的一所莊園裏，剛剛卸任的聯合國秘書長安南舉行了一場慈善晚宴，應邀參加晚宴的都是富商和社會名流。當一個叫露西的小女孩捧著她的全部積蓄來到莊園，要求參加這場慈善晚宴的時候，遇到了保安的阻止。

「叔叔，慈善的不僅是錢，還是心，對嗎？」小露西問道。她的話讓保安愣住了，「我知道受邀請的人有很多錢，他們會拿出很多錢。我雖然沒有那麼多，但這是我所有的錢。如果我不能進去，請把這個帶進去吧。」小女孩把手中存有所有積蓄的瓷罐遞給保安。

保安猶豫了，他不知道接還是不接。小女孩的話打動了前來參加晚宴的巴菲特先生，他帶小露西進了莊園。出人意料的是，當天慈善晚宴的主角不是慈善晚宴的倡議者安南，也不是捐出三百萬美元的巴菲特，而是僅僅捐出了三十美元廿五美分的小露西。她贏得了人們真心的讚美和熱烈的掌聲，而晚宴的主題標語也變成了這樣一句話：「慈善的不是錢，是心。」

小露西的內心多麼善良、純真！愛心是不能用錢多錢少來衡量的，三十美元廿五美分相對三百萬美元來說不值得一提，然而，這卻是一位善良小女孩的全部。她奉獻出了自己所有的愛心，毫無保留！

因爲有善心的人更加美麗，更加有涵養，因此小露西的行爲才引起了人們的注意，成爲全場的焦點人物。人們被小露西的善良和真誠感動，正是這顆善良的心才使小露西能在保安面前不卑不亢；因爲她認爲自己是來獻愛心的，愛心不分貧富，愛心是不以金錢的數量來衡量的。只要懷有真誠的慈善，你的心靈就是高貴的。

只有真正源於內心的善行，才會激發起一種強烈的道德感，擁有持久的精神動力。人應積極地去做一次志願者，去做一件有助於別人或者有助於公益的事情，趁年輕的時候去做，因爲你還保留著天真，因爲你充滿了熱情。做一次志願者，在自己力所能及的範圍內，獻出自己的愛心，讓周圍的人享受到你的付出和快樂，傳遞你積極向上的正能量吧，讓你的生命變得更有意義。

林達的單位福利很好，經常會發一些劇院的票來點綴員工的業餘生活。這周林達又收到了兩張國家大劇院的話劇票。女朋友去上海出差了，林達想找個朋友一起去，誰知很不湊巧，喜愛話劇的人沒時間，有可能去的人卻不喜歡話劇。

門票其實並不很貴——林達本可以隨手扔掉一張，一個人前往，可好像總有什麼東西在輕輕啃噬他的心，告訴他不能這麼做。

整整一天，林達盡力不去想這件事。那張門票無辜地躺在他的錢夾裏，他設法不去碰它。可到了晚上，這張票在他心中好像有一千斤那麼重，壓得他喘不過氣來。

終於，林達開車到了一家養老院。走進二層值班室，他見到了護士長。「這裏有沒有人可以走動，喜歡看話劇，又不介意和一個陌生人一起去看的人呢？」林達問道。

周圍的幾位護士相互望了望，開始討論合適的人選：「張生大爺、李敏大媽、宋玲奶奶……」過了一會兒，她們公認李敏大媽是最佳人選。他們在食堂找到了她，可她卻說：「我不想去。」語氣中有幾分畏懼。

然後他們決定去找宋玲奶奶。

他們來到宋玲的房間，看到她正坐在輪椅上，雙手平攤在膝蓋上。她八十多歲，腳上穿著笨重的鞋，鞋上有綁帶，鞋底有三寸厚，用帶子繫住。

「宋奶奶，這個年輕人有一張今晚話劇的門票，他想邀請您一起去看。」護士開口說道。

林達被護士的話逗笑了：「也只有在養老院裏，我還能被稱為年輕人。」

宋玲轉過臉來，透過厚厚的鏡片望著林達。「好啊，一起去吧。我可有好久沒有看過話劇了。」她說。

他們又談了一會兒關於話劇的事情，討論了一下宋玲上下車可能會遇到的困難，然後林達約定了晚上來接她的時間，就離開了養老院。

晚上六點半，林達開車來到養老院。天已經黑了，宋玲奶奶穿戴整齊地坐在輪椅上等林達。林達和護士打了個招呼，他們就出發了。事情進展得很順利。宋玲上車沒費太大力氣，她的輪椅也勉強塞進了汽車的後車廂中。劇場的管理人員幫助林達把宋玲推進大廳。然後林達去泊車，他就陪著宋玲。

宋玲決定坐在輪椅上看演出。林達的座位靠近過道，正好可以坐在她旁邊。話劇開場前，他們隨意地聊天，談著彼此生活中的人。話劇正式開始了。兩個半小時的時間裏，宋玲靜靜地坐在那兒，睜著一雙眼睛望著舞臺。她的嘴角始終微微漾著笑意。

話劇結束了。當掌聲漸漸平息後，她問林達能不能給她一張用過的門票。

林達把她送回去，她向他道謝。護士和她說笑了幾句，推著她消失在幽暗的走廊裏。她的手裏始終攥著那張門票。

林達做的這次小小的志願活動，讓宋玲感到了快樂，同時也讓自己收穫了幸福感。志願者不是以謀利爲目的，是志願爲他人和社會貢獻智力、時間、財力、體力的人。做志願者並不是慷慨的富人對窮人的施捨，也不是強者對弱者的憐憫和痛惜，而是各階層的人們奉獻社會、服務他人的一種選擇。

當我們的物質生活逐漸富裕時，人們開始更多地注重精神生活的品質，該怎樣提升自己的精神修養呢？很多人會思考「我怎樣才能生活得更有意義？」也許你正爲此茫然，那麼，不妨加入志願者行列吧，你的生活將因此發生深刻的變化：更珍愛生命，珍惜生活；感覺生命充實，感受到新的快樂和幸福的存在，以及心靈得以淨化……付出愛，同時收穫更多愛。

也許你的付出只是一件簡單的小事，也許過程並不像我們想像的那樣輕鬆，但堅持下來，有一天我們會發現做志願者會讓生命變得有寬度。所以，不妨來做志願者吧！用你的愛把生活變得更美好。

8 向自己傷害過的人道歉

生活在大千世界中，每個人都會犯錯，再嚴於律己的人，也有犯錯的時候。我們期待別人的原諒，卻總是難以原諒那些曾經傷害過自己的人。其實沒有人不願原諒你，也沒有人讓你終生無法原諒，可是因爲我們總是懷抱一顆執拗的心，時刻不願退讓半步。學會退讓，原諒傷害自己的人，也主動向自己傷害過的人道歉，放下那顆執拗的心，正如那一首歌唱到的——無所謂，原諒這世界所有的不對……

在二戰中，已經是德國戰敗，戰爭即將結束的日子了，在蘇聯，一九四四年的一個冬天，已經飽受戰爭創傷的莫斯科這時非常寒冷，蘇聯俘虜了一批大約兩萬人的德國戰俘，他們排成縱隊，從莫斯科大街上依次穿過。

這個時候，因為是嚴冬，天空中飄飛著大團大團的雪花，氣溫很低，但所有的馬路兩邊，依然擠滿了圍觀的人群。大批蘇軍士兵和治安警察，在戰俘和圍觀者之間劃出了一道警戒線，用以防止德軍戰俘遭到圍觀群眾憤怒的襲擊。

這些老少不等的圍觀者大部分是婦女，她們來自莫斯科及其周圍鄉村。她們之中每一個人的親人，或是父親，或是丈夫，或是兄弟，或是兒子，都在德軍所發動的侵略戰爭中喪生。她們都是戰爭最直接的受害者，都對悍然入侵的德國軍人懷著滿腔的刻骨之仇恨。

當大隊的德軍俘虜出現在婦女們的眼前時，她們全都將雙手攥成了憤怒的拳頭。呼嘯的人群前簇後擁，她們希望擠上前去，哪怕只是靠近一點點，要不是有蘇軍士兵和員警在前面竭力阻攔，她們一定就衝上去了，她們渴望把這些殺害自己親人的劊子手撕成碎片。

這些德國俘虜們都低垂著頭，膽戰心驚地從圍觀群眾的面前緩緩走過。他們這些人中還有很年輕的軍人，也許只有十六七歲吧。他們的臉上滿是恐懼與無助，在憤怒的汪洋之海中穿行的人啊，隨時都有被仇恨吞噬的危險。他們從內心深處感受到了這種危機。

這個時候，突然，一位上了年紀、穿著破舊的婦女走出了圍觀的人群。她平靜地來到一位員警面前，請求員警允許她走進警戒線去好好地看看這些俘虜。員警看她滿臉慈祥，覺得她應該沒有什麼惡意，便答應了她的請求。於是，她走過警戒線，來到了俘虜們的身邊，顫巍巍地從懷裏掏出了一個印花布包。打開一層一層的布，裏面是一塊黝黑的麵包。她不好意思地將這塊黝黑的麵包，硬塞到了一個疲憊不堪、拄著雙拐艱難挪動的年輕俘虜的衣袋裏。嘴裏還說著，「只有這麼一點了，真不好意思，你湊合著吃點吧。」年輕俘虜怔怔地看著面前的這位婦女，剎那間已淚流滿面。他扔掉了雙拐，「撲通」一聲跪倒在地上，給面前這位善良的婦女，重重地磕了幾個響頭。其他戰俘受到感染，也接二連三地跪了下來，拚命地向圍觀的婦女磕頭。

於是，整個人群中憤怒的氣氛一下子改變了。婦女們都被眼前的一幕所深深感動，紛紛從四面八方湧向俘虜，把麵包、香煙等東西塞給了這些曾經是敵人的戰俘。

葉夫圖中科在故事的結尾寫了這樣一句令人深思的話：「這位善良的婦女，是用寬容化解了眾人心中的仇恨，並把愛與和平播種進了所有人的心中。」

寬恕別人對我們來說可以難，也可以容易，關鍵在於你的心靈是如何選擇。當一個人選擇了仇恨，那麼他將在黑暗中度過餘生；而一個人選擇了寬恕的話，那麼他能將陽光灑向大地。當我們的心靈爲自己選擇了寬恕的時候，我們更獲得了應有的自由。因爲我們已經放下了仇恨的包袱，無論是面對朋友還是仇人，我們都能夠贈以甜美的微笑。

一八九八年冬天，威爾．羅起士繼承了一個牧場。有一天，他養的一頭牛，為了偷吃玉米而衝破附近一戶農家的籬笆，最後被農夫殺死。依當地牧場的共同約定，農夫應該通知羅起士並說明原因，但是農夫沒這樣做。羅起士知道這件事後，非常生氣，於是帶著傭人一起去找農夫論理。

此時，正值寒流來襲，他們走到一半，人與馬車全都掛滿了冰霜，兩人也幾乎要凍僵了。

好不容易抵達木屋，農夫卻不在家，農夫的妻子熱情地邀請他們進屋等待。羅起士進屋取暖時，看見婦人十分消瘦憔悴，而且桌椅後還躲著五個瘦得像猴子的孩子。

不久，農夫回來了，妻子告訴他：「他們可是頂著狂風嚴寒而來的。」

羅起士本想開口與農夫論理，忽然又打住了，只是伸出了手。

農夫完全不知道羅起士的來意，便開心地與他握手、擁抱，並熱情邀請他們共進晚餐。

這時，農夫滿臉歉意地說：「不好意思，委屈你們吃這些豆子，原本有牛肉可以吃的，但是忽然刮起了風，還沒準備好。」

孩子們聽見有牛肉可吃，高興得眼睛都發亮了。

吃飯時，傭人一直等著羅起士開口談正事，以便處理殺牛的事，但是，羅起士看起來似乎忘記了，只見他與這家人開心地有說有笑。

飯後，天氣仍然相當差，農夫一定要兩個人住下，等轉天再回去，於是羅起士與傭人在那裏過了一晚。

第二天早上，他們吃了一頓豐富的早餐後，就告辭回去了。

在寒流中走了這麼一趟，羅起士對此行的目的卻閉口不提，在回家的路上，傭人忍不住問他：「我以為，你準備去為那頭牛討個公道呢！」

羅起士微笑著說：「是啊，我本來是抱著這個念頭的，但是，後來我又盤算了一下，決定不再追究了。你知道嗎？我並沒有白白失去一頭牛啊！因為，我得到了一點人情味。畢竟，牛在任何時候都可以獲得，然而人情味，卻並不是很容易得到。」

一隻腳踩扁了紫羅蘭，紫羅蘭卻把香味留在腳下，這就是寬恕。寬恕就是給別人機會，給自己機會，「化干戈爲玉帛」是世界上最美好的事情之一，也是非常重要的。學會寬恕他人，學會大度寬容，就能讓自己走出困境，是愛心和堅強的展示，也是最明智的做法。寬恕他人有時就像鏡子一樣反射出你對自己的寬恕。寬恕就是適度地彎曲，但不折傷自己；寬恕就是承受創痛，並爲自己療傷。拒絕原諒只會帶來更多的傷害。何不卸下受難者的袈裟，做個寬恕的人。

我們偶爾會在實現自我目的的過程中無意打擾、影響甚至傷害到別人，或是給別人帶來某種不便，這時，道歉是最好的原諒。道歉並非恥辱，而是真摯和誠懇的表現。學會原諒別人吧，也試著原諒自己，生活會變得更美好。

第四章

趁著父母還健在，及時回報你的愛

天底下為人子的，請不要為任何理由而推托看望自己的父母。也許老人真的就只希望看到孩子的微笑，聽到孩子的聲音，這些就是他們最大的欣慰。

1 每年帶父母做一次全面的體檢

孩子生病了，哭鬧不停，攪得那兩個初爲人父母的年輕人焦頭爛額，手腳忙亂，巴不得要代替心肝遭受磨難。那種流血般汨汨冒出的大無畏的擔當，是以後自己做了爸媽才能體驗的勇敢。

等到子女們一個個長大了，爸媽漸漸衰老了，開始遭受或者已經遭受一個又一個困境的侵襲，他們卻努力保持沉默，他們依然心疼自己的子女，害怕子女爲此分心。而我們就在這懵懂中繼續忽略父母。

可是，你會突然在晨起的時候看到父母佝僂著腰咳嗽不止，看到低頭洗碗的父母直身不住地捶腰，看到拎著菜籃子的父母氣喘吁吁、臉色發暗……直到這一天，你終於確定「年老多病」不只是在詞典裏靜靜地躺臥著。

請關注父母身體的變化，定期帶父母去醫院做全身檢查，那也許是一個救命的信號。

其實，陪父母去體檢，就是表達對父母關心的最好方式。定期帶父母去醫院做全身檢查，要側重於對癌細胞的檢查。檢查時應注意以下幾個方面：

①癌症的發病率日漸增高，最應該爲老人做的就是定期癌症檢查。通常老人會覺得癌症檢查很麻煩，不願主動做，兒女一定要幫助父母安排檢查。

②癌症檢查中正子斷層掃描檢查是最方便的，不會給父母帶來痛感，且能查出不容易查出的癌症。

③癌症檢查很重要，但不是檢查的全部，有些疾病只做正子斷層掃描是檢查不出來的，所以還要做其他的相關檢查，比如電腦斷層掃描、血液常規、尿常規、腹部超聲波等等。

④血液檢查最好一年之內做兩次，可以及時發現高血壓、糖尿病、高血脂等常見疾病。以防止一些突發性疾病給父母的健康造成意想不到的傷害。

⑤在做檢查時子女一定要陪在老人身邊，瞭解檢查的項目，瞭解負責檢查的主治醫生。在檢查結果出來後，要和父母一起分析、討論，及時諮詢醫生是否需要治療和改變不健康的生活習慣。

2 陪父母多做運動

健康是我們最寶貴的財富，是所有幸福的前提，它是我們生活的一個最強有力的保障，而運動又是老少皆宜的「養生藥」，但卻有許多老人家寧願一下午守著電視，也不願下樓蹓躂蹓躂，還說：「唉，老了，懶得動了，每天出去走走，都覺得很累呢。」很多人聽到父母這麼說，多半就放棄了勸父母運動的念頭，但其實如果有兒女陪伴著一起運動，父母們還是會願意去接受挑戰的。

正處於青年時期的宋成棟是個十分賣命工作的人，他相信年輕就是資本，應該趁著年輕多做些事。因此經常通宵熬夜，白天補覺，日夜顛倒，終於在一次熬夜工作後暈倒了，被送進了醫院。

康復後，宋成棟回到公司依然繼續像之前那般賣命工作，但是給人的感覺卻和以往大不相同，感覺他每天都活力四射，朝氣蓬勃的。同事問他是不是最近有什麼喜事讓他這樣高興。他說，這是一個秘密。

在一次聚會上，同事又問起這件事情，宋成棟最終吐露了真言，他解釋道，其實說起來自己挺羞愧的，他母親在他生病的時候天天早上把他拉出被窩，和她一起做跑步、廣播操、跳繩等體育運動。幾天下來，身體明顯感覺不一樣，輕鬆了很多，現在他和媽媽還一起晨跑呢。

有同事說：「宋成棟，你媽媽真是個聰明的媽媽啊。」

宋成棟又說，其實這裏頭還有故事。那是宋成棟初中一年級的時候，宋成棟還是個運動健將，在那年的秋季運動會的時候，操場上飄揚著各色旗幟，同學們都興奮不已，積極參加各種比賽。宋成棟也參加了運動會，並且參加了每年運動會最激動人心的「抽紙條」活動，就是在跑完一百米之後，在一小山堆的小紙條裏抽出一張，然後根據上面的要求做出各種動作。

「砰！」發令槍響了，宋成棟第一個衝到台前，展開小紙條——背著媽媽跑。

宋成棟很為難，他看看觀眾席上胖胖的媽媽，又看看自己抽中的紙條，磨磨蹭蹭地走到媽媽身邊，說：「媽媽，要背著你跑呢！」

宋成棟的媽媽怎麼也沒有想到兒子抽中的是這麼一個紙條，在大家的哄笑聲中，宋成棟和媽媽來到了起跑線前。宋成棟用了吃奶的勁兒背起母親，勉強地背著母親走了五十米，累得不行了，摔倒在地上就爬不起來了。在那以後很久，這段運動會上的特殊風景還被人們津津樂道。

回家後，宋成棟就要求媽媽每天鍛煉身體，不僅是為了減肥，也是為了自己的健康。

宋成棟的媽媽很聽話地開始了每天運動的計畫，宋成棟也都陪著媽媽一起鍛煉。

現在宋成棟工作了，很少鍛煉，但宋成棟的媽媽卻依然保持著每天運動的好習慣。上次宋成棟病倒，媽媽說起這個宋成棟已經快要忘了的故事，說當初是兒子要求媽媽鍛煉，讓媽媽養成了一個好習慣，還保持了健康，現在輪到媽媽要求兒子陪媽媽一起鍛煉，也是為了保持我們的健康呢。

所以，從出院那天起，每天早晨都能在社區裏見到宋成棟和媽媽一起跑步的身影。

和父母一起運動，我們可以和父母一起分享彼此的心情，談天說地，我們向父母發發工作中的小牢騷，說說工作中有趣的事情，父母和我們說說社區裏的新鮮事，電視中播放的新聞、電視劇等等，這樣我們既享受著運動的快樂，又很好地塡補了父母與子女之間或許因爲工作的緣故產生的空白。

當我們長大了，都工作了的時候，父母要的只是能夠多和我們在一起。這樣有意義的共同運動，滿足了父母的願望，也鍛煉了父母和我們自己的身體。

運動能使人精神旺盛，心情舒暢。人體在鍛煉的時候會釋放出許多有益的激素，能調節人的情緒和心境，增強抵抗力，有益於身心健康。所以，運動是保持青春的妙方，是延年益壽的良藥。運動的最大好處是延緩衰老、延緩動脈硬化，如果能堅持走路五十年，就可能做到五十年體重不變。如果保養得好，完全可以做到體重、血壓十年、二十年甚至五十年不變。子女可以根據自己父母的具體情況，爲他們制訂相應的鍛煉計畫，延緩父母的衰老，令他們健康長壽。

在制訂計畫時，要注意運動的強度和時間上的規劃，確保它們符合父母的身體狀況和生活習慣。在運動量上，可採取彈性的計量方式，剛開始時少量運動即可，等父母適應了之後再逐漸增加。在條件允許的情況下，也可以主動陪父母一起運動，這樣會使父母更有動力，而且也能在共同的鍛煉中增進子女與父母之間的感情。

3 常回家看看年老的父母

天底下爲人子的，請不要爲任何理由而推托看望自己的父母。也許老人真的就只希望看到孩子的微笑，聽到孩子的聲音，這些就是他們最大的欣慰。

也許孩子永遠不懂父母的心，可能當有一天父母不在，而自己也成爲父母的時候才能夠深切體會到那種濃濃的愛子之意。

大學畢業，他被分配到離家鄉一百公里以外的城市。父親早逝，身為長子，每個月他都雷打不動地回老家看望母親。

返鄉的車票是用質地較厚的彩色膠紙印刷的，每次，母親都對他說：「孩子，你的車票挺好看的，送給我吧！」他笑一笑，就把車票送給母親。晚上他就睡在母親的土炕上。後來，母親就開始隨便地翻他的衣袋，只留下那張車票。

後來，他戀愛、結婚、生子，開始每兩個月回一次家。

再後來，他擔任主管，工作更忙了，有時甚至半年才回一次家。尤其是他有了專車，沒必要再坐長途汽車，他開始適應不了長途車的顛簸。母親慢慢地也就不再向他索要車票了。

十年過去了，他已是市長。有一天晚上家裏電話響了，老家的弟弟來了長途，說母親突患腦溢血，生命垂危。

一百公里對他來說是短途，一個多小時以後，他便見到了母親。這時，他突然發現母親已是白髮蒼顏，衰老憔悴。見了一面，天亮時母親就去世了。

他帶領兄弟姐妹們，披麻戴孝，安葬了母親。

整理母親的遺物時，他從那只祖傳的樟木箱子裏翻出了一本中學課本，那是昔日母親用來塞鞋樣的。他翻開來，啊，書內竟整齊地夾著一疊車票——他當年每次返鄉看望母親時留下的車票。

他的淚水又一次地湧了出來，他後悔，為什麼母親健在的時候不多回幾次家。他還突然想起，這麼多年來，母親還從未到他的四室二廳裏住過一夜。

回城市時，他只攜了那一疊花花綠綠的車票。

他常常把車票的故事講給父母尚在的朋友們，極力使他們意識到父母對子女有一種深深的牽掛。他說，多回家看望幾次老人吧，哪怕只停留片刻，否則，也許你也會有深深懊悔的那一刻。

你是否也有這樣的感覺：成家多年了，雖然和父母同住一個城市，但由於事情太多，老是抽不出時間回家。總覺得走到哪裏也是父母的孩子，他們總在那個老家守候著，回家多一回少一回無所謂。某一天聽到某首歌，突然間醒悟過來，原來一直以來自己錯了。於是，回家的時候，站在門外，總感到內疚，像一個做了壞事的孩子將見到大人那樣，心裏忐忑不安，總好像誰在責備著自己。敲門的時候，猜想著父母正在家做什麼事。進了家門，看到父親縷縷花白的頭髮，母親漸漸蒼老的臉，有一種心痛的感覺。

在現實生活中，我們總有太多的理由為無法陪在父母身邊辯解，比如學業太重、工作太忙、壓力太大，有的甚至連一個電話、一聲問候都成為父母奢侈的期盼。如果不住在一起，那麼父母想和子女說說話、散散步、聊聊天都變成奢望了。

父母需要的不是我們的金錢和富貴，那些從銀行裏取出的金錢和被人羨慕的富貴是沒有感情的，那些吃不完、穿不完、用不完的物品是沒有溫度的。他們需要的是平日裏電話中的噓寒問暖，是節假日餐桌上的熱熱鬧鬧，是耐心的認真傾聽，是開懷的隨意交談，是溫暖的貼心陪伴。其實父母的要求很簡單，只要多一些交流、多一些陪伴，他們的晚年就足夠幸福、滿足和溫暖。

父母渴望陪伴的小小心願，就像小時候我們希望父母永遠陪在身邊一樣。小時候父母是爲我們遮風避雨撐起晴空的傘，如今我們是不是也應該成爲父母隨時可以倚靠的溫暖港灣？

孝順老人不一定是給予物質的滿足才算孝心，最重要的是我們要有孝道，要關愛老人，要有時間多陪陪老人，要讓他們的晚年生活在充滿歡快、喜悅的心情中，在有生之年裏盡享天倫之樂，就是我們最大的孝心。老人的最大心願就是想多看看你，聽你談談事業上的成就感，聽你說說工作中的喜事篇；聽你談談家庭裏的和睦事，聽你說說孩子們的成長史；也許這正是我們多陪陪老人的真正目的，也許這就是老人心靈中最大的期盼！

4 為全家人做一頓豐盛的晚餐

在暖暖的燈光中，一家人圍在桌旁，一起分享你精心爲他們做出的晚餐，感動與濃濃的親情會在這一頓美味中悄然流動，好一幅溫馨的畫面！

烹飪是家庭生活的必備，很多時候，因爲工作忙，應酬多，不得已讓家人代勞，可總有清閒的時候，總有休假的時候。這時，不妨由你掌勺，爲全家人做一頓豐盛的飯菜。家人吃在嘴裏的是美味的食物，而品在心間的則是深深的幸福與感動。

有一女孩最討厭下廚做飯。她的父親也不喜歡下廚，可是卻喜歡為她的母親下廚，做魚香茄子。她不明白，母親為什麼那麼喜歡，每次都要吃個盤底朝天。

一次，女孩子又和男友吵架了，起因就是做飯問題。她懶散地坐在沙發上看電視，男朋友不停眨眼示意她去幫幫廚房裏的母親，她故意視而不見。幾個回合後，男朋友忍無可忍，大聲責備她：「從沒見過像你這麼懶的人！」她也火冒三丈，一字一頓地回擊他：「現在你看見了。你後悔還來得及，我告訴你，我就是不做飯，現在不做，以後也不做！」

男朋友正準備拂袖而去，被聽到動靜從廚房裏出來的母親拉住。

母親給他們講了關於魚香茄子的故事。

那是二十多年前的一個週末，家裏要來客人，母親忙不過來，就叫父親幫忙遞遞菜遞遞碗什麼的。千呼萬喚，父親卻只應著不挪步，眼睛都不肯從書本上移開一下。油鍋「呼」一下著了火，母親又氣又急，手忙腳亂間還把鍋打翻了，結果燙傷了腳。

那時，父親和母親剛剛結婚。母親是個很能幹的女人，不但工作上幹得有聲有色，而且家務事也樣樣來得，尤其燒得一手好菜。父親簡直是過著衣來伸手飯來張口的少爺生活。所有人都羨慕父親，說娶到母親真是一生的福氣。

那次，父親當時腸子都悔綠了。

母親臥床那些日子，突然變得很愛吃魚。那時，生活水準那麼低，吃魚吃肉一般是過年過節才有的奢侈。母親的傷，其實已經花了很多錢，幾個朋友那裏都已經借遍。所以，給母親買過兩次魚以後，經濟捉襟見肘的父親就只有愧疚和無奈了。

大約過了一個星期。父親在晚飯時間興沖沖端了一盤菜放到母親面前。母親吃了一口，說不出是什麼魚，細細咀嚼，發現不是魚肉，卻有魚的鮮香滋味。父親得意洋洋地笑：「這叫魚香茄子，味道好吧？」

原來，父親托朋友找了一個食堂大廚拜師學藝。人家本來不肯教的，但他好說歹說，大廚師感動了，才把這門絕活教給他。家常菜其實是很難做的，靠手藝。父親學了一個星期，才有點眉目。他像獻寶一樣，不停問母親：「好吃嗎？」還說，以後再不袖手旁觀了，一定會幫母親一起做家務活。母親一邊吃，一邊掉眼淚，眼淚和著菜，全都是幸福的滋味。

故事講完，母親擦擦眼角，輕歎一聲：「一晃也吃了那麼多年了。好像還有很多滋味呢。」剛下班進門的父親也語重心長地接口：「為一個所愛的人做飯，其實有時候就是一種樂趣。兩個人在一起。本來就應該互相體諒和包容。」

女孩子終於明白了魚香茄子的秘密——為所愛的人做菜，本身就是一種幸福。

當一個人懂得真愛的時候，他會爲所愛的人學做幾道拿手好菜。當他看著心愛的人品嘗自己的菜肴時，一定會深刻體會平凡生活中愛情的滋味，那是一種魚香茄子的味道，不需細訴而滿室生香。一個人爲心愛的愛人下廚時，舉手投足間猶如君臨天下，自有無限魅力。

著名殘疾人作家張海迪曾說：「假如讓我站起來，我會去做飯，我要發揮我的想像，給我的家人做一次特別好吃的飯，所有好吃的都可以做一點。」是啊，爲愛做一頓飯，做個快樂的「煮」夫，然後和家人一起細品人生，享受人生的快樂，還有比這更幸福的嗎？

蘇延峰的父親一輩子辛勤勞作，閑不下來，到六十多歲還在工地上班。蘇延峰多次勸父親，他每個月會給他們寄生活費，操勞了一輩子的他應該好好休息，安享晚年。可是蘇延峰的父親嘴裏答應，卻瞞著他偷偷去做些零工。

一天，蘇延峰在下班的路上，突然接到母親的電話。母親通常不在這個時候打電話給他的，所以他覺得一定是有什麼急事。果然，母親在電話那頭慌張地說父親在工地昏倒了，現在在醫院。

蘇延峰顧不上回家，直接趕到醫院。他的母親、伯父還有叔叔都來了，醫生診斷出他的父親是胃癌晚期。聽到這個消息，猶如晴天霹靂，蘇延峰的母親已經撐不住了，癱坐在地上久久不能起來，蘇延峰也頓時不知所措。

蘇延峰極力控制住內心的悲傷，整理好情緒想從醫生那兒多瞭解一些情況。他希望這是醫生誤診，希望情況還沒有那麼糟。但是醫生讓他節哀，並確切地告訴他是胃癌晚期，而且時間不超過六個月了。

蘇延峰感到非常不解，一個月前他回家時父親還好好的，還帶著他的兒子去跑步，為什麼一個月不見，情況卻是這樣子？後來，蘇延峰的母親說他父親以前胃經常不舒服，常常吃不下飯，但是怕花錢，一直沒有去醫院看，只在診所開些藥吃而已。

蘇延峰又生氣又懊悔，他生氣為什麼父親有病不去看，也懊悔自己為什麼不多注意父親身體的狀況，為什麼不定期帶父親母親去做一次體檢。然而，現在懊悔也無濟於事了。

在那之後，蘇延峰的父親情況不斷惡化，為了省錢，父親母親堅持不做化療，只吃些止疼藥和常規藥。漸漸地，蘇延峰父親的飯量越來越小，因為吃了也難以消化。到後來，他的父親竟連一口飯菜也咽不下去，只能喝些粥及靠藥水維持生命。

眼看著父親一天天衰弱下去，剩下的時間越來越少，蘇延峰難過極了。為了讓父親不太孤單，他每天下班都來陪伴父親。為了讓父親高興一點，哪怕能吃點東西也好，他特地跑到一家餐廳去買來父親以前喜歡吃的金槍魚壽司和關東煮。

可是父親虛弱地說：「兒子啊，我不想吃，什麼也吃不下。你吃吧……」

「那您想吃什麼？您告訴我，什麼都可以，兒子給您買。」看著健碩的父親一天天消瘦下去，蘇延峰哭著跟他說。

父親忍著劇痛勉強地笑了下，努力想抬起他那隻長滿老繭的手，蘇延峰緊緊地把父親的手攥在懷裏。父親說了一句讓他感到很意外的話：「那我想吃……想吃你做過的馬鈴薯燉牛肉……」

這是蘇延峰學會的第一道菜，那是初中時學校舉辦才藝大比拼，他特地向母親學的。當時花了好長時間來學做這道菜，而父親是這道菜的第一位評委，蘇延峰還記得當時父親那副嘴饞的樣子。

走出醫院，蘇延峰立刻向超市跑去，買好食材，馬上回家使盡了渾身力氣做起馬鈴薯燉牛肉。他把馬鈴薯去皮，切成父親能吃的小塊，再把牛肉也切成小塊。父親喜歡吃皮，他買的都是帶皮的牛肉。然後剝大蒜，突然蒜汁兒跑進眼睛，一滴眼淚掉了下來。

霎時，淚水奪眶而出。任憑淚水流淌，蘇延峰小心翼翼地剝好大蒜並切成蒜泥。他開始一絲不苟地做起馬鈴薯燉牛肉，先把牛肉過水再入鍋，過會兒再把馬鈴薯和其他材料放進鍋去，文火燉到爛熟，再把蒜泥撒在上面。

蘇延峰迫不及待地把它送到父親那兒，聞到那熟悉的味道時，父親僵硬的嘴角出現一絲笑容，可眼角卻出現幾道血絲。蘇延峰用小勺小心地把馬鈴薯燉牛肉送到父親的嘴裏，父親開心地張開嘴吃進了多天以來的第一口飯。

蘇延峰心裏暗想，只要父親想吃，哪怕只吃一口，他也要給父親做。

家既是幸福的港灣，更是奮鬥的動力源。有溫馨的家庭作後盾，我們更加義無反顧地去奮鬥。歲月如歌，讓溫馨在我們的家庭裏流動。在家庭中，吃的快樂有錢都買不到，當你把一盤盤用濃濃柔情精心烹調的菜肴端上餐桌，看著家人喜形於色地大快朵頤，幸福感也會從心底直漾到眉尖。有時，幸福真的很簡單：一張桌子，半臂的距離，甜蜜就在碗裏。忙碌的工作過後，走進廚房，爲家人煲一碗靚湯，炒幾個小菜。當菜香瀰漫在你的餐桌時，在空氣中流動的是暖暖的、香濃的飯菜香，溫暖的親情也瀰漫了整個家庭，幸福也瀰漫在每一個人的心中。

我們吃過媽媽做的飯，吃過爸爸做的飯，吃過奶奶做的飯……每天聽到廚房裏傳來「咚咚咚」的切菜聲，看到他們做飯時大汗淋漓的樣子，看見色香味俱全的飯菜擺在桌子上時，你是否也想親自下廚，爲全家奉獻一下自己的愛呢？那麼，就請你掌勺，爲家人做一頓豐盛的飯菜，在體驗家人辛苦的同時，也讓他們享受你的愛。

5 給父母送一份生日禮物

每個人都記得自己的生日，並且生日時總希望能從父母那裏得到生日禮物。可是，很多人卻未曾在意過父母的生日，甚至從不記得他們的生日。作爲兒女如果你連自己父母的年齡和生日都不知道，那麼你爲人子女真的挺失敗的。對老人來說，最大的幸福莫過於每年壽宴上兒孫滿堂。所以，不管你的工作有多忙，陪父母的時間多麼稀少，有一條篤定的原則就是，父母的生日一定要陪他們過。

一個好朋友在每年的特定一天，他都會關掉手機。

我們對此事十分好奇。後來他告訴我們說，因為這一天必須是完全屬於他父母的，沒有瑣事，只是陪在父親身邊而已。

剛開始我們只當他從小就這樣孝順，但他卻有些難過地告訴我：「這是母親的臨終囑託，一定要每年陪父親過生日，無論如何都不能缺席。」第一年，他早早推掉那天的瑣事並準備買件衣服送給父親。可是，由於之前父子關係一直很緊張，他從沒有細看過父親，只能憑感覺以自己的尺寸買了一件大衣。當天一早他就出門了，可是一直猶猶豫豫到下午兩點，他才敲響了父親家的門。

「大門打開的時候，我還沒做好心理準備，就發現父親眼睛通紅，失去往日的一臉嚴肅。他看著我故作鎮定地問：『你怎麼來了？』我怯生生地答道：『生日快樂。』他聽到這兒猛然一把將我抱住，我背上一陣溫熱，他竟然哭了。而我也沒有忍住，哭了出來。進屋，我就看見桌上擺著一個酒瓶，父親看見我好奇的神色，故作自若地聳聳肩說：『我最怕一個人過生日了，如果你沒來，我只能把自己灌醉了。』」

那是奇妙的一天，父子兩人就好像多年未見的朋友一般聊了很多，從生日、工作一直到女朋友、婚姻，幾乎無所不聊。他從不知道沒有母親在一邊撮合的情況下，能和父親有這麼多可以聊的話題。

劍拔弩張的父子關係就這樣化為繞指柔，陪父親一起過生日成為兩人奇妙的緩衝劑。那天以後，儘管他和父親很少有機會碰面，但是每年總要在父親生日這天陪著父親。就這樣父親的生日變成了兩個人的節日，最近他準備自己的生日也和父親一起過。

子女的生日，就算全世界的人都忘記了，而其父母永遠也都會銘記於心，被當成每年必須精心準備的節日對待。不管多遠的距離、多久的時間都割捨不斷他們對你的牽掛。

而父母的生日，作爲子女也不應該忘記，誰也不希望被自己所關心的人遺忘。每年當父母生日來臨之時，真心地奉上一份禮物，送出一份誠意的祝福，就算只是幾顆糖果、幾句話，也能令二老感受到你的體貼和牽掛，讓他們過個甜蜜而溫暖的生日。

每年父親過生日的時候，親朋好友都來，人很多，也很熱鬧。杜曉剛總是要提前幾天準備好多東西，雖然很累，可父母是快樂的。杜曉剛的父母心地善良、待人熱情、樂善好施，在社區裏擁有良好的口碑，所以逢年過節和父親的生日是人人必到的。父親健康魁梧的身軀在酒席間來回穿梭應付自如，讓他感到非常快樂。不管是有錢沒錢、有權沒權的今天能到場，同聚一堂是對他平日所付出的一種精神回報，讓他非常滿足。

今年杜曉剛的父親偏癱有點行動不便，讓他好強的心難以接受。雖然眼看生日就要到了，而且杜曉剛也早就通知了親友們。這個時候的父親卻要出遠門，生日不過了。杜曉剛怎樣勸說父親都不能讓他安心地在家過生日，只能是推掉親友們的探訪。但是杜曉剛還是想要給父親過生日。

生日那天一大早，杜曉剛和父親就到一個阿姨家裏躲了起來，阿姨是杜曉剛父母多年的老朋友，對杜曉剛和杜曉剛父親的到來很高興，她早早安排準備飯菜，等杜曉剛母親來後給杜曉剛的父親過一個別樣的生日。杜曉剛看到父親有一種解脫也有一種失落，雖然他們父子不說話，但杜曉剛能感受到，他不能讓父親有遺憾，他走出了家門。

杜曉剛到花店給父親挑了一束花，祝他健康，也精心地挑選了一張生日卡片，他要給父親一個驚喜。等他回到阿姨家把花送給父親時，父母一臉的不高興，說杜曉剛亂花錢，花對他們來說是奢侈品，不實用。杜曉剛依然笑著說了自己的祝願，就執意讓父親把卡片親自打開，當「祝你生日快樂」的音樂響起的時候，杜曉剛的父親落淚了，杜曉剛和母親、阿姨的眼睛也濕潤了。他知道這一次的生日父母和他是永遠都不會忘記的，因為這是他給父母第一次送的生日禮物，對父母來說也是最最浪漫的生日禮物。

在這個世界上，所有的愛都會因這樣或者那樣的原因而發生改變，唯獨父母之愛亙古綿長，無私無求。當你懂得了在這個世界上，最愛我們的人是我們的父母時，那麼在他們生日的時候，就給他們送一份自己的生日禮物吧！也許，對於我們來說僅僅是一個小的舉動，但是對於父母來說，這樣小小的舉動卻能夠給他們帶來無限的感動。所以，不要吝惜你的時間，不要吝惜你的感情，歲月無情催人老，這是任何人都無法避免的殘酷事實。善待自己的父母，給他們過一次有禮物的生日吧。

6 春節和父母一起大掃除

每到過年，到處都洋溢著過節的氣氛。家家戶戶都要大掃除，這幾乎是中華民族延續了幾千年的傳統。過年回家時，在忙著見朋友、見親戚、採購年貨的同時，也別忘了在除夕之前陪父母做一次大掃除，清除房子裏一年下來積攢的全部污垢。這既能爲父母分擔家務，減輕他們身體上的勞累，同時也能在與父母共同勞動的過程中親密關係、加深感情。

離過年不到半個月的時候，王慶接到醫院的電話，讓他去接生病的母親出院。王慶對此很頭疼，因為每年這時都是公司最忙的時候，他掛了電話，向公司請好了假，便匆忙趕往醫院。

到醫院之後，王慶開門進去的那一刻，母親臉上笑得滿足，隨後又扮成生病的模樣。王慶無奈地坐到病床旁邊，有些惱火地問道：「媽，你哪裏不舒服？你究竟想怎樣啊？」母親看了兒子一眼，低下頭說：「也沒啥事，就是想讓你回家，幫我打掃一下，要過年了。」說完之後，怕兒子不樂意，又絮叨著說：「你看，不到半個月就過年了。現在挨家挨戶都在大掃除，就咱們家靜悄悄的沒有動靜。不信你回去看，家裏的門髒了，廚房裏的天花板也被油煙熏髒了，書房裏到處都是灰塵。」

王慶一邊聽著母親的絮叨，一邊回想著自己工作這些年經歷的點滴。其實，王慶早就跟母親提過，給她換個新房子，但母親總不願意，說住慣了不想搬。給她請鐘點工打掃房子她也不願意，說不願意讓外人碰自己家的東西。

看著沉默不語的兒子，母親又低聲說：「你就不能回家來幫我打掃嗎？」

「我也可以付錢給你啊，家裏牆上都是你的獎狀、照片，回去整理整理，看著也舒坦啊。回去幫我吧，兒子，媽求你了……」

一旁站著的父親聽到這裏也有些生氣了，辛辛苦苦養大的兒子還需要連蒙帶哄地求回家。開口對兒子說：「你要是不跟你媽回去，你就別認我們當爹媽的！」

無奈之下，王慶答應了父母，立即辦好了出院手續，陪父母回到家中。

家裏好幾天沒有住人了，桌子窗臺佈滿了塵土，屋子裏的牆面已經泛黃，有些地方的漆已經脫落。安頓好母親之後，王慶和父親開始分配任務。母親擔任總指揮官，父親出門購買年貨，而王慶則負責家中所有的體力活。

原以為很繁瑣的打掃工作，做起來卻讓王慶驚喜連連。牆上貼著泛黃的獎狀，桌腳遺落的彈珠，還有床板底下壓著的卷子，那些都是他成長的痕跡。

在整理書房的時候，他翻開了以前的作業本，不由自主地感歎：「呀，原來自己的字還是寫得不錯的啊！不像現在，經常用電腦都不寫字了。」

「自己還真得意呢，你仔細看看這個本子，上面好多錯字，我看了好幾遍都不知道你寫的是什麼！」母親在一旁樂呵呵地說道。

王慶接過母親遞過來的筆記本，回憶起上學時的情景。那時候的他總是調皮搗蛋，老師佈置的作業也經常糊弄著完成，經常惹老師生氣，父母常常被「邀請」到老師辦公室「做客」。隨著年齡的增長，漸漸懂事，學習才慢慢好起來。一邊與母親說說笑笑聊著以前的事情，一邊打掃屋子，時間很快就過去了。

傍晚的時候，父親置辦好了年貨，從外面回來。掛燈籠和貼春聯的任務就交給了王慶。

父親站在梯子旁邊，把燈籠遞給兒子時，感歎著說：「真是老了啊！以前都是我站在梯子上，你在下面遞燈籠給我，那時候你臉蛋紅彤彤的，笑起來十分可愛。如今我老了，你長大了，咱們父子的位置變了。」聽到父親的話，時間像靜止了一樣，王慶心裏泛起了一陣酸楚。的確，自己總是以工作為理由，疏忽了父母，就連過年也極少在家裏陪父母。

這次全家動員大掃除，將房屋裏裏外外清掃整理了一遍，把屋內佈置得井井有條，清除了這些污垢，如同清除了內心的那份嘈雜，王慶心裏有說不出的輕鬆和愉悅。

他忽然明白了，過年全家一起大掃除對父母而言，就是一起勞動，一起回憶過往的歲月，既是對過年氣氛的營造，也象徵著一家人的團聚。只有把所有的污垢清除之後，才能迎接新的一年，才是真正的辭舊迎新。

如今，父母年紀大了，角色的轉換使得他們更加需要像小孩子那樣被疼愛，哪怕是不合理的要求也是因爲他們需要被關注。過年給父母壓歲錢，和他們一起打掃屋子迎接新年，只是他們一年到頭的小期許而已。

很多人可能覺得，父母年紀大了，不應在這種家務事上操勞，但是一年一度的大掃除不僅僅是爲了將房屋清理乾淨，其中也蘊含著一種「除舊佈新」的願望，一種對未來的期許。所以，爲了滿足父母的願望和期許，每一個除夕，動手與父母一起把房子打掃乾淨，然後一起守歲，歡歡喜喜迎接新年的到來吧。

7 時常讓自己的孩子陪伴父母

世間有一種愛叫隔代親，老人總會對兒女的孩子有一種特殊的感情，有時候甚至會勝過對待自己的孩子。可作爲兒女，卻並不希望自己的孩子受老人思想薰陶過深，認爲思想保守老舊並不適合在現在這種社會生存打拚，加上擔心孩子會被老人寵壞，所以大多數年輕父母都寧願自己帶著孩子，也不願意把孩子交到想念孫子孫女的父母手中。

梁英是個不幸的孩子，她八歲那年就沒了媽；可她又是一個幸運的孩子，因為爸爸幾乎把所有的愛都給了她，連同母愛，使她沒有像大多數沒媽的孩子那樣邋遢髒亂。梁爸爸那時候在縣城工作，單位安排了員工宿舍，不過想到女兒，還是寧願每天騎上四個小時的自行車上下班。梁英小時候就特別喜歡吃棉花糖，她喜歡大大的它在自己的口中一點點變小，吃完之後有著說不出來的成就感。所以到了爸爸下班的時候，梁英總會守在村子口等著父親，因為父親總會帶回來一朵大大的棉花糖。

梁英長大成人有了自己的三口之家之後便搬出了和父親一同生活了二十多年的老屋。雖然她也知道爸爸對自己的兒子特別喜愛，但是也義無反顧地走了，獨留老人一個人守著老屋子。

梁爸爸見不到外孫子之後，挨不住想念，便每天都往梁英家跑，而且每次都會帶上兩大朵棉花糖，一個給外孫子，一個給女兒。對於爸爸的勤快，梁英卻漸漸產生了厭煩心理，覺得他來得太頻繁了，一待就是幾個小時，抱著孩子就不放手，影響了孩子的正常休息，而且還對孩子有求必應地寵著，擔心總有一天會慣壞了他。漸漸梁英對爸爸的來訪顯得漫不經心，一開始還能敷衍著和爸爸說幾句，後來便是避而不答了，有時候甚至在爸爸和兒子玩得正開心的時候把兒子領走。

老人也看出了女兒不是特別歡迎自己，更不喜歡自己碰外孫子，傷心之餘努力克制著自己對外孫子的思念不去打擾她們。梁爸爸整天一個人守在老房子裏，有時太悶了，會在附近蹓躂，不敢遠走，怕女兒回家找不到自己。老人總是嫌屋子太大，靜靜的，連自己的呼吸聲都聽得見。待著待著還能出現幻覺，總覺得走了將近二十年的老伴還活著，在屋子裏默默地打掃著。老人心裏知道這不是好現象，於是會去鄰居家坐坐，可看到人家兒孫滿堂熱熱鬧鬧的就更覺得自己悽楚，坐不到五分鐘又禮貌地退了出來，但也不進自己屋，就坐在大門口望著前面的拐角處，希望能看到女兒帶著外孫子歸來的身影。

在爸爸忍受寂寞的時候，梁英的日子過得很不錯。兒子被她送進了幼稚園，自己在家的時候也閑不著，約幾個姐妹玩玩撲克牌來打發時間，日子過得逍遙自在，幾乎忘了爸爸的存在。

直到有一天，丈夫無意中說道：「爸怎麼好幾天沒來了，你帶著兒子去看看吧！」梁英才選了個天好的日子回了趟娘家，這時候才知道父親病了，病得很重。家裏很暗、很冷，爸爸就躺在冰涼的炕上閉著眼睛氣息不穩地吐著熱氣。梁英趕忙把爸爸送到了醫院，經過檢查是由於感冒引起的肺部感染，除此之外還有精神抑鬱、營養不良的症狀。等爸爸醒來之後，梁英生氣地埋怨爸爸生病了為什麼不告訴自己，而爸爸也只是看著女兒笑笑，摟著抱著自己脖子撒嬌的外孫子，嘴上說著沒什麼大事，就是想外孫子了。

病情好轉之後，日子還是這麼過著。梁英看到消瘦的爸爸，隔上四五天會帶著兒子去給他送一些吃的，不過每次都是以孩子還要讀書為理由送了就走，而爸爸對於女兒每次送來的東西都會很快吃完，盼望著女兒能帶著外孫子快些來，並希望他們能多待一會兒，讓鄰居看看他也是有外孫子的人。

自那場大病之後，梁爸爸一直沒有徹底好起來，反而病情越來越重了，不幸的事情終於發生了。在爸爸又一次病倒時，梁英是真的害怕了，她沒想到人會是這樣的脆弱，年紀也不是很大的爸爸就這樣倒下了，在爸爸陷入彌留之前，並沒有把唯一的女兒叫到身邊，而是有話要留給外孫子。梁英站在病房門外，看著祖孫兩個耳語。孩子對外公很有感情，抽著氣嚶嚶地哭著，還不時地點著頭。

安排完爸爸的後事之後，梁英問兒子外公最後說的到底是什麼。兒子告訴她，外公給自己買了幾個玩具放在家中的櫃子中，又叮囑他，長大以後就算參加工作了也不要走得太遠，獨留父母在家中，他們年紀大的時候，會越發感到孤單，不要讓媽媽和外公一樣孤單一人活受罪。梁英抱著孩子靜靜地哭了起來，追悔莫及。

談到孝敬父母，常常有年輕人顯得甚是爲難，給父母找了看護伺候著，每月匯錢孝敬著，難道這樣還不叫孝順麼？隔三差五就會通電話，怎麼還是不滿足呢？想孫子孫女，難道孩子的教育就比不上給老人家解悶重要麼？孝子怎麼就這麼難當。如果能換一個角度想的話，就能理解父母的感受了。想想自己的爺爺奶奶、姥姥姥爺是怎樣疼愛自己的，每次看望他們的時候都是翻箱倒櫃給自己找好吃的，又有哪次離別的時候不是戀戀不捨、眼淚汪汪的，沒等到走出家門口，就追問著下次來是什麼時候。

人老易孤獨，也許自己沒有時間，那麼就讓孩子們陪陪他們吧，小孩的童真童趣是中和老人們陳朽氣息的最佳良藥。父母快樂的時候，才會發現他們臉上的笑容是世間最可貴的東西，但又是最不難得來的東西。所以不要讓老人們孤單地離去，空留自己的一片悔恨。

第五章
沒有健康，一切只能是空談

年輕人往往感覺不到生命的可貴，他們總覺得生命還很漫長。他們每天都在無謂的忙碌中，每天處於精彩的生命中，以至於沒有時間認真地考慮生與死的問題。他們不明白浪費時間就是浪費生命的真正含義，更不知道人活著的真正意義在於奮鬥，而不在於荒度。

1 定期體檢，瞭解自己的身體狀況

生活中有許多人往往忽視自己的健康。智者要事業不忘健康，愚者只顧趕路而不顧一切。如果你有一萬種功能，你可以征服世界，但是如果你沒有健康，一切只能是空談。

日常的生活中，每個人都認爲自己的身體很健康，實際上有很多潛在性的疾病卻是我們在不知不覺中發生的。生活中的許多人都是感覺自己的哪一個部位不適，才到醫院進行檢查，這個求醫的過程，不僅耗時，而且花費巨大。這就是平常人每年都要做體檢的原因之一。體檢中心的健康專家表示，對於健康人來說，每年做一次體檢必不可少。尤其在社會生活中，多數都市人都要承受極大的心理壓力和生活壓力，這些壓力有的時候會影響到你的健康。所以，我們很有必要每年給自己做個身體檢查，將一些潛在的疾病消除於無形，從而更好地面對工作和生活。

人們需要轉變自己的觀念，重視自身的保健。在日常的生活中，還要學會釋放緊張情緒，調整好心態，並且堅持「四項原則」，即日行八千步、夜眠八小時，三餐八分飽，一天八杯水，保持身心健康，不給疾病以可乘之機。

小陶是一個年輕有為的男人，才三十出頭就已經擁有了自己的愛車和豪宅。三十歲之前的拚搏和奮鬥讓小陶成就了自己下輩子的幸福。現在一切都準備妥當了，該用心地找個妻子，然後繼續努力工作，為了自己的家庭而戰了。為了保證自己婚後繼續能夠過上舒適的生活，他在結婚後的一個月後，又開始繼續忙碌於工作之中。就連過年休假的幾天，小陶也要忙著走訪親戚，送禮品，一年到頭沒有時間是真正休息的。

小陶的很多朋友都去例行體檢了，小張對小陶說：「走啊，去體檢去啊！」小陶說：「體檢幹嗎？你看我這麼健康，幹嗎浪費那個時間和金錢呢？」小陶從工作起到結婚後，八年裏，從來沒有體檢過。而且他一直覺得自己很健康。直到有一天，小陶忽然在辦公室暈倒了，被送到了醫院，原來是因為平時過度勞累，使他的胃部出現了大面積的潰瘍造成的。在小陶看來，胃病幾乎人人都有，而且只是程度不同而已，這點「小病」根本就不用放在心上。

雖然患了胃病之後，小陶工作上有所收斂，但是平時人際交往也不能落下。經常和朋友出去吃飯，回家還要熬一會兒夜，忙一忙自己一天內沒有完成的工作。由於胃部的疾病並沒有得到重視，每年的例行體檢，小陶照樣是不參加，他將自己的精力主要放在工作和家庭上，胃部疼痛他也只是根據民間的偏方，自己治療。有一次，疼得受不了才去醫院，但是這一次的檢查卻給小陶晴天霹靂一般的消息。他得了胃癌，而且已經無法進行任何的治療了。

他雖然是一個男人，但是卻第一次大哭了。在病房裏，他抱著年輕的妻子和才幾個月大的兒子。他心有不甘，但是一切都來不及了，這都是自己平時對於自己的健康太大意造成的。

我們在這世上，擁有的最寶貴的就是生命。我們無法讓逝去的生命重生，我們唯一能做的就是珍惜生命。隨著生活和工作的節奏不斷加快，飲食不規律、作息時間不規律的現象更爲普遍。這些不良的習慣真的是謀殺我們健康的兇手。不要總是忙著趕路，忙著工作，去醫院作個檢查吧，瞭解自己的身體狀況真的很有必要。

當所有的榮譽和健康相比，都暗淡無光；所有的金錢和健康相比，都失去作用。不要用我們年輕的身體去賺取金錢，而當我們老了之後，再用金錢去換取健康。或許我們可以憑著年輕健碩的身體賺取有數的金錢，可是當我們失去健康的時候，就算用再多的金錢也換不回健康了。

身體就如一台不斷運轉的機器，只有經常進行護理，才能保證運轉的正常。如果我們忽視平常身體出現的一些小狀況，對這些小病小痛都不以爲然的話，那或許我們就失去了一次挽救自己的機會。

要想擁有健康的身體，養成良好的生活習慣是十分必要的。每天早上喝一杯豆漿，讓自己的身體溫暖健康。就算下班回家，也可以提前一站下車，走一段路，感受城市的活力也鍛煉了自己的身體。針對自己的體質特點，吃健康食品，遠離油炸和燻烤食品。當我們習慣了這樣有規律有節制的生活方式之後，我們就會感受到身體的小變化，久而久之，身體就會由亞健康轉變爲真正的健康。

我們需要健康的身體，因爲我們還要看明天的太陽，我們還要爲自己的夢想打拚，還要成爲一個稱職的爸媽，我們還要和另一半白頭到老。這只有一次的生命，是如此的珍貴和難得。**席慕容說：「我總覺得，生命本身應該有一種意義，我們絕不是白白來一場的。」**

在二〇〇五年八月三十日，深受廣大觀眾喜愛的著名演員傅彪，因肝癌搶救無效在北京去世，年僅四十二歲。

早在二〇〇四年的五月，傅彪在橫店影視城拍攝《大清官》時，曾因發燒和疲勞過度到橫店集團醫院就診過，當時主治醫生發現他雙側的膈肌有所抬高，曾建議作一次腹部CT檢查，但傅彪認為自己身體一直挺好的，發一點小燒沒有什麼大不了的，為了不耽誤拍攝進度而匆匆返回片場。直到該劇殺青後，在八月二日才到北京醫院作詳細檢查，已被確診為肝癌晚期。如果傅彪早一點做詳細的身體檢查，也許他就不會因病不治而去世。

在日曆上標注要做體檢的日子，到那天，放鬆自己的心情，就像去赴一次約會一樣。正視自己的身體，和自己的身體做朋友。曾經有人將人生的各種追求放在一起作了一個比喻：健康是一，事業、財富、愛情、名譽等都是一後面跟著的零，如果沒有了前面的一，後面再多的零也等於是無。然而，我們總是爲了爭取得到後面的一個個零而奮力拚搏，直到有一天，那個支撐零的一沒有了，才會明白，原來身體才是最重要的。

2 無論多忙，每週都要擠出時間去鍛煉

法國著名醫學家蒂素說：「運動的作用可以代替藥物，但是所有藥物都不能代替運動。」健康是幸福的主要因素，鍛煉是健康的重要保證。在這個世界上，沒有比結實的肌肉和新鮮的皮膚更美麗的衣裳。

法國啓蒙思想家伏爾泰說「生命在於運動」，而「身體才是革命的本錢」。一個人如果想讓自己過上不一樣的生活，實現自己的人生夢想，你需要讓自己擁有一個好的身體。無論自己平時的工作多麼繁忙，至少你應該給自己拿出一部分的時間去鍛煉。你或許不需要像阿諾・史

瓦辛格那樣強健的身體，但你至少要掌握一些體育運動。也許對於這些體育運動你不一定要很擅長，但是無論是球類、棋類，你至少應該懂得並知道一些基本的玩法。

如果一個人說自己沒有時間和精力去運動，其實就只能歸咎一個字：那就是「懶」。生命在於運動，而且可以強健身體、陶冶性情、磨煉意志、一舉多得，所以你必須運動。無論你是否喜歡運動，你都應該定時定期運動，沒有時間鍛煉身體的人，早晚會被繁重的勞動累垮。我們往往看到電視中那些運動員強壯的身體和充沛的精力，他們生龍活虎的生活狀態就是因爲經常進行體育鍛煉的原因。

小強在社會上打拚了幾年，感覺自己的體質越來越差。無論哪個同事感冒了，他總是公司裏面第一個被傳染的，而且通常大病、小病都不落下。小強的身體素質和他的名字正好相反，不僅不強，而且還很弱。有的時候幫女同事搬一個箱子，都會肚子痛、手抽筋。每天上班就在辦公室裏面坐一天，下班坐車回去，上樓坐電梯，回到家躺在沙發上看報紙，或者坐在沙發上看電腦，晚一些就睡覺了。循環往復，一直不變。

小強沒有感覺到工作繁重，但是儘管如此，自己還是感覺勞累不堪。有的時候偶爾爬個樓梯，才到二樓腿就瘦得發抖了。小強一直覺得自己沒有時間鍛煉，而且也不知道缺乏鍛煉會有什麼樣的後果。

有一次，公司舉行一次全員越野大賽，第一名的獎勵五千元，前三名都有豐厚的獎金，但是能夠堅持下來，沒有中途退縮的，公司也會給予獎勵。起初跑的時候，小強一直在心裏面暗暗地為自己打氣，因為堅持下來的獎金也很多，自己也不想被同事們笑話，因為沒有人在中途就退場的。

跑了一段後，小強感覺到一陣眩暈，還有嘔吐的感覺，另外自己的胸口也是火辣辣地痛。再跑了一小段之後，他眼前一黑，暈倒在了路上。他被送到了醫院，醫生的診治結果是沒有充分的訓練和鍛煉，他的大腦出現了缺氧現象。

康復後的小強開始每天走路上班，堅持每天都爬樓梯上樓，能站著動一動，堅決不坐著靜下來。週末的時候再也不待在家裏上網了，而是選擇出門到外面跑步或者去健身房，開始進行體育鍛煉。

這樣堅持了一年以後，小強不僅僅有了健壯的肌肉，而且幾乎很少生病了。公司裏面女同事的勞動他幾乎全部都包下了，大家都稱讚他很棒。

總而言之，缺乏運動對人們的健康狀況的影響是顯而易見的。美國一位運動生理學家說過：「缺乏運動才是真正的慢性自殺，它給人們造成的危害不亞於酒精和尼古丁。」所以，爲了保證我們的健康和幸福，保持適量的運動是非常必要的。

三十五歲的章先生是一家外企的行政人員，他的工作離不開電腦，因此常常在電腦前一坐就是一整天。從常理來看，人到了三十幾歲的年紀，大多數人都會出現肚腩或其他各種各樣的身體狀況，但這些問題卻從來不曾找上章先生。有一天，公司的電梯出了故障，大家上下班的時候不得不爬樓梯。公司在二十層樓，同事們從一樓爬上來以後個個氣喘如牛、大汗淋漓，而章先生卻臉不紅、氣不喘，就像不曾爬過什麼樓梯一樣。大家好奇地詢問他為什麼身體這麼好，章先生笑著說：「沒什麼，只是我平時總是堅持運動罷了。」章先生告訴同事們，每天下班後，他都會跑跑步、打打球，每天上下班都堅持爬樓梯；週末的時候他還會去爬山、騎自行車郊遊。所以，儘管自己的工作壓力很大，卻精力充沛、活力無限。

可見，通過適當的運動，人可以變得更加精力充沛、自信樂觀、朝氣蓬勃！伏爾泰曾經說過：「生命在於運動。」適量的運動是保證人體正常新陳代謝的重要因素。

《呂氏春秋・盡數篇》說：「流水不腐，戶樞不蠹。形氣亦然，形不動則精不流。精不流則氣鬱。」而華佗則更進一步指出：「人體欲得勞動，但不當使極爾。動搖則谷氣得消，血脈流通，病不得生，當譬猶戶樞，終不朽也。」這些都表明了運動的重要意義。

大量的相關研究也表明，任何形式的適量運動，比如旅遊、種草栽花、較長距離的散步等都能夠有效改善人的身心健康。醫學專家也認爲，運動可以減少很多人都會出現的憂鬱情緒，提高人們的生活、工作熱情，從而改善人們的生活品質、提高工作效率。

因此，我們可以結合自己的實際需要，選擇一種或幾種運動方式，並長期堅持下去，讓運動爲我們的健康保駕護航。尤其是下面的這些運動方式，不管有多忙，至少應該堅持一兩項。

①散步。閑來無事或者下班之後放下一切煩心事，出去走一走，散

散心，解解悶，可以使人心情舒暢，對人的身心健康大有好處。

②慢跑。跑步是一種歷史悠久，群眾性廣，鍛煉價值較大的一種健身運動。跑步由於技術要求簡單，對場地、服裝沒有什麼特殊的要求，無論是在運動場上還是在馬路上，甚至在田野間、樹林中均可進行，所以跑步是大多數人最常採用的一種體育鍛煉方式。經常進行跑步鍛煉，除了可以保護心臟，還可以增強關節韌帶的韌性，消除疲勞，調節人體內部平衡，調劑情緒，振作精神，促進新陳代謝，是強身健體的好方法。

③游泳。現代人尤其是女性常常把游泳作爲減肥健體的重要方式，事實上也確實如此，在游泳的過程中，人體的絕大部分關節和肌肉都能得到鍛煉，人的新陳代謝、體溫調節、心血管系統、呼吸系統也都可以得到相應的鍛煉，同時還可以舒緩人的心情，可謂一舉多得。

④登山。在登高的過程中，人的心跳和血液循環加快，肺通氣量、肺活量明顯增加，內臟器官和身體的其他部位的功能會得到很好的鍛

煉，人體的耐受力和靈活度都可以得到提高。

⑤爬樓梯。爬樓梯可以加快心率，增強心血管功能，增進呼吸運動，鍛煉腿部以及耐力、速度等等，對身體有很大益處。

⑥打球。打球一方面可以充分活躍四肢，提高人的反應靈活度，另一方面當球在高速飛行的過程中，人的睫狀肌收縮、眼球內的晶狀體懸韌帶鬆弛，晶狀體依靠自身彈性曲度變大，折光度增大，看清球的走勢，這對眼睛也是很好的鍛煉。

無論平時的工作有多忙，爲了自己的身體健康，你一定要擠出時間去進行體育鍛煉。體育鍛煉不僅僅能夠強健身體、增強體質，還具有完善身體、修煉心境、健康心靈、健全人格、提高適應能力等功能。

適當地進行體育鍛煉不僅僅能夠從身體上達到一個健康的狀態，也能夠從精神上達到一個健全、健康的狀態。體育鍛煉不足，會導致一個人的身體健康水準下降，而且情緒也比較多變。所以，你應該保持經常性的鍛煉，體育鍛煉可以讓人消除疲勞，同時也能達到身心的放鬆。

3 每天讓自己微笑，保持愉悅的心情

達文西的名畫《蒙娜麗莎》中，蒙娜麗莎擁有迷人的微笑，它透露著一種矜持、一種甜美、一種低調的浪漫。微笑象徵著友好、善良和熱情，雖然無聲，卻比任何美好的語言都更具有說服力。一個人無論是否擁有迷人的外表，只要展露自然、熱情的微笑，就能傳遞一種友好與快樂。

據說，人在笑的時候，要使用十三塊面部肌肉，而在皺眉蹙額時，則要使用四十七塊面部肌肉。正因爲如此，所以誰都會覺得笑的時候快樂而且自然。

有這樣一篇箴言：「一個微笑不費分文但給予甚多，它使獲得者富有，但並不使給予者貧窮。一個微笑只是瞬間，但有時對它的記憶卻是永恆的。一個微笑爲家庭帶來愉悅，爲同事帶來友情。它也能爲友誼傳遞資訊，爲疲乏者帶來休憩，爲沮喪者帶來振奮，爲悲哀者帶來陽光，它是大自然中消除煩惱的靈丹妙藥。然而，它卻買不到，借不了，偷不去。因爲在被擁有之前，它對任何人都毫無價値可言。有人已疲憊得再也無法給你一個微笑，那就請你將微笑贈予他們吧，因爲沒有一個人比無法給予別人微笑的人更需要一個微笑了。」

飛機起飛前，一位乘客叫來了空姐，希望空姐能給他倒杯水，因為他需要服藥。空姐很有禮貌地說：「先生，實在對不起，為了乘客安全起見，我必須等飛機平穩飛行後才能給您倒水，請您稍等一會兒。」

飛機準時起飛了，可是那位空姐卻將這事忘得一乾二淨。突然，乘客服務鈴急促地響了起來，空姐猛然意識到：糟了，由於太忙，她忘記給那位乘客倒水了！當空姐來到客艙，看見按響服務鈴的果然是剛才那位乘客。她小心翼翼地把水送到那位乘客跟前，面帶微笑地說：「先生，實在對不起，由於我的疏忽，延誤了您吃藥的時間，我感到非常抱歉。」這位乘客抬起左手，指著手錶說道：「怎麼回事，有你這樣服務的嗎？你看看，都過了多久了？」

接下來的飛行途中，為了補償自己的過失，每次去客艙給乘客服務時，空姐都會特意走到那位乘客跟前，面帶微笑地詢問他是否需要水，或者別的什麼幫助。然而，那位乘客餘怒未消，擺出一副不合作的樣子，並不理會空姐。臨到目的地時，那位乘客要求空姐把留言本給他送過去，很顯然，他要投訴這名空姐。此時空姐心裏雖然很委屈，但是仍然不失職業道德，顯得非常有禮貌，而且面帶微笑地說道：「先生，請允許我再次向您表示真誠的歉意，無論您提出什麼意見，我都將欣然接受您的批評！」那位乘客接過留言本，開始在本子上寫了起來。

等到飛機安全降落，所有的乘客陸續離開後，空姐本以為這下完了。沒想到，等她打開留言本，卻驚奇地發現，那位乘客在本子上寫下的並不是投訴信，相反，是一封給她的熱情洋溢的表揚信。

在信中，空姐讀到這樣一句話：「在整個過程中，你表現出的真誠的歉意，特別是你的十二次微笑，深深地打動了我，使我最終決定將投訴信寫成表揚信。你的服務品質很高，下次如果有機會，我還將乘坐你們的這趟航班！」

是什麼使得這位挑剔的乘客最終放棄了投訴呢？是空姐十二次真誠

的微笑。微笑是陽光下燦爛的花朵，給人以美的享受。事實上，並不是只有做服務行業的人需要微笑面對客戶，其實所有的人都需要微笑，因爲微笑，所以溫暖。

秦凱是一家快遞公司的快遞員，每天在城市的每個角落都要跑一遍，送快遞取快遞。這種工作通常都是風雨無阻，日曬雨淋，有的時候還會因為個別的情況而不能正常地休息和吃飯。作為快遞員，秦凱也不能像一些正常在辦公室裏的工作者，能夠享受雙休的假期。和女友約會的時間都沒有，有的時候下班了，女朋友都會因為他沒有時間陪自己而生氣。本來這些事情已經夠讓人惱火了，有的時候還經常因為同事拿錯任務而導致秦凱被領導訓話。

雖然生活有這麼多的不如意，但是秦凱無論什麼時候看上去都是一副快樂的樣子。他每天都是開開心心地上班，晚上下班都是吹著口哨美滋滋的。同事鄒帥看了之後，覺得非常地不可思議，就問秦凱：「秦哥，你有什麼好事和大家分享分享，怎麼看上去那麼高興呢？」聽到鄒帥的問話，秦凱笑著搖搖頭。

秦凱回到家裏，拿出自己的筆記型電腦，在自己的部落格中寫道：「今天去五十二號樓送快遞的時候，客戶在門上寫著『快遞大哥，我等你等得好辛苦，很想你，可是我因為臨時有急事，所以麻煩你將禮物放在樓下的收發室，我自己去取，好嗎？』」秦凱覺得這個寫紙條的人一定是一個很可愛的人。閑著無聊，秦凱翻到了上一篇文章，只見上面寫道：「今天給一個阿姨送快遞，因為天冷，又趕上中午，那位阿姨人特別好，給了我一袋熱牛奶，好人真多啊！」想到這些事情，秦凱的思緒就被帶到了當時的情景，他美滋滋地躺在沙發上睡著了，臉上露出了甜蜜的笑容。

你如果每天在自己的記憶中植入一些幽默的事情，那麼你的回憶中，快樂就占著重要的部分。如果每天都記一些不開心的事情，時間久了，自己就會被這些不開心的事情所感染。其實這就是一個心態的選擇問題，心態是依靠自己來調整的，只要你願意調整，你就可以給自己一個正確的健康心態。

改變心態，就是改變人生。有什麼樣的心態，就會有什麼樣的人生。要想改變我們的人生，其第一步就是要改變我們的心態。只要心態是正確的，我們面對的世界將會更加美好。

戀愛了七年的男友離她而去，她傷心欲絕，記憶裏全是美好的畫面，她恨不起來。

就在結婚前一個月，一場針鋒相對的爭吵後，她淚流滿面，男友無奈歎息，摔門而去。而此時，她的枕下放著剛剛懷孕的醫院證明，準備給他一個驚喜。

婚禮取消，母親怕家醜外揚，發瘋了一般逼她打掉這個孩子，否則就不許她踏進家門一步。傷心欲絕的她走投無路，可是畢竟是她的孩子，還是個無辜的小生命，她怎麼忍心？但如果不順從母親，自己又無家可歸，窮途末路。

她在糾結，在痛苦中掙扎，甚至有了輕生的念頭，這痛苦的世界，還有幸福可言嗎？

無意中路過博物館門前，看到這樣的標牌：本館有監控攝影。人情冷暖，世態炎涼，她絕望地想，這冰冷的令人望而生畏的標語後面必定寫著，否則罰款多少元！再一抬頭，卻得到出乎意料的答案，上面寫著：本館安有監控攝影，請保持微笑。

頓時一股暖流讓她不由得停住腳步，這充滿善意的忠告，透著人性中的善良與愛心。死亡很容易，活下去卻很不容易。

肚中有血有肉的生命那麼無辜，身為母親難道不應該給他最好的愛嗎？可是生活逼人，絕境如何逢生？那麼唯一的辦法就是保持微笑，趕走陰霾，鼓足勇氣，好好生活。跨過苦難，才有未來。

她試著笑了笑，發現自己輕生的念頭太傻。

三年後，男友生意成功後回到這裏，在博物館門口遇到她，她在微笑著逗兒子。見她不但沒有消沉頹廢，反而越發美麗動人。他尷尬地說：「我的離開好像對你的生活並沒有太大影響，你還是那麼美。」

她笑而不語，指指頭頂上的標牌，歡快地去追兒子了。

無論遇到什麼風浪，無論歲月如何流逝，微笑始終不變，心態永遠年輕。因爲微笑是生活中的一面鏡子，你笑它便笑，你哭它便皺眉。

清晨起床，對鏡中的自己微微一笑，今天會有一個好心情；與同事見面點頭微笑，將一個快樂的資訊傳達給對方，人與人之間會多些暖意，多些默契；對父母的微笑是孝順，對子女的微笑是包容，對朋友的微笑是回報，對客戶的微笑是尊重，正所謂無論是奉獻還是得到，最好的禮物都是微笑。

一首《微笑》的小詩中說得好：「沒有人富，富到對它不需要。也沒有人窮，窮到給不出一個微笑。」那麼，就讓我們行動起來，將真誠的微笑送給每個人，讓我們身邊的每一個人都快樂起來。

4 從現在開始，只吃健康食物

飲食多元化，讓我們的生活看起來更有滋有味，每逢假日，三五好友聚集一堂，各種美食紛至遝來，幾杯美酒觥籌交錯，心中有不言而喻的快樂，然而隨之而來的還有疾病和肥胖。大快朵頤中，我們感情的表達不再有遺憾時，卻爲健康留下了遺憾。其實，飲食是一種味覺的享受，更是維護生命的綠洲。

已故京劇大師葉盛蘭在世時，對飲食頗為在意。

葉盛蘭的一日三餐簡單而不單調，總是粗糧、細糧搭配，葷菜素菜兼有。葉盛蘭愛吃麵食，餃子、窩頭、熱湯麵都吃得既可口又舒服。每天早上起來，他一般喝杯牛奶，吃兩個煮雞蛋，才開始工作。午飯一般是兩葷兩素，外加一碗羊肉雜麵湯，吃得很不錯。

葉先生會的戲很多，昆亂兼擅，尤以善雉尾生最為有名，有「活周瑜」的美譽。但演武小生，唱念開打並重，體力耗費很大，所以如果晚上有戲碼，葉盛蘭就先吃兩個熱饅頭就點兒青菜墊補墊補，這叫「戲前飯」。等到散戲回來之後，家裏人再給做幾樣他喜歡吃的偏重魯味的菜，像乾燒黃魚、紅燒海參、清燉雞湯等。但太油膩的菜就不合他的口味了，相比之下，他更愛吃一些拌黃瓜、雞絲拌粉皮、香椿拌豆腐等清香爽口的涼拌菜。

這樣的食譜既合口味，又保護葉盛蘭那道勁寬亮的金嗓子，此外，凡辛辣之物、零食之屬，他從不沾唇，而家裏的蜜柑、蘋果、鴨梨卻是常備常吃的。

健康是一種生活方式，它從每天的飲食開始。健康的食品雖味淡、樸實，卻能滋養身心，調理五臟，暢通血脈，給人的生命蓄積營養，去除糟粕，使人精氣十足、身體強壯。

在生活中，取健康之食物，重食物之營養，滿足腹中饑餓，同時滿足身體的供養需要，則爲智慧飲食。如果只顧味覺享受，忽略飲食健康，常會滿足了口福，卻傷了身體，留下終身遺憾。

小敏有肺吸蟲病，這個廿三歲的女學生在每一次呼吸時，都會感到肺部鑽心的痛，醫生說，肺吸蟲在小敏的肺部、胸腔大肆「搗亂」，造成胸腔積水，唯一的辦法是開刀手術治療。因為肺吸蟲搗亂，小敏已第三次住進醫院。小敏不明白，為什麼自己年紀輕輕，會患上這樣的疾病。在瞭解小敏的日常生活之後，醫生分析得出小敏患病的原因可能是吃了沒熟透的海鮮燒烤。

原來，小敏是土生土長的青島人，非常喜歡吃五六成熟的海鮮，鹹蟹、泥螺、毛蚶都是家常菜。由於長期食用不熟的海鮮，小敏在讀高中時就患上了肺吸蟲病，然而習慣難改，吃慣了半生海鮮的小敏雖然刻意控制，仍然管不住自己的嘴巴，認為五六成熟的海鮮和肉類簡直是人間美味。大二那年，她因為肺吸蟲病第二次住了院。

這次，小敏再次因為食用未熟的海鮮和肉類而舊疾復發，看著身邊的女孩個個意氣風發，而自己卻是個病秧子，小敏悔不當初，卻又無能為力。

最好的飲食，是不給自己的健康留下隱患。從現在開始，學會享用健康的食物，放下加工過度和高油高鹽類食品，返璞歸真，享受健康食物給身心天然的禮贈，塑造一個好身體，也吃出一份好心情吧。

那麼合理的膳食結構應該是怎麼樣的呢？根據營養學專家的建議，一般說來應注意以下幾個常見問題。

●每日飲食要控制總熱量的攝取以避免肥胖

有相關資料和臨床觀察顯示，超重越多，死亡的機率就越大。據相關資料統計體重超過百分之三十以上的，男性死亡率達百分之四十二，女性死亡率達百分之三十六，且易患膽石症、糖尿病、中風、高血壓、冠心病等症。

因此，每日攝入的熱量應控制在一千五百到兩千卡路里，這樣體重才能控制在標準範圍內，否則過多的熱量會轉化爲脂肪在體內堆積。

肥膘、肉塊、奶油、魚油、蛋黃等各類動物脂肪，花生油、豆油、菜籽油、沙拉油和氫化花生油（製造巧克力重要原料）等各類植物油，植物性奶油（乳瑪琳）、植物性鮮奶油等氫化過的食用油，包括小麥、大米和糯米等在內的澱粉含量較高的細糧、各種醣類以及含醣量較高的食品，這些都是高熱量食品。

在日常飲食中，這些高熱量的食品都要合理、適量食用，同時代之以澱粉、醣類等碳水化合物含量較少的低熱量食物，如新鮮蔬菜、水果等。在肉類方面可以多食用熱量相對較低的魚肉和雞肉。在烹調方式上儘量選擇清燉、清蒸、水煮、涼拌，而油炸方式儘量少用或不要，這能減少各種植物油的攝取量。

●蛋白質是人體生命活動的基礎物質，需要適量攝入

蛋白質是人體組織的重要成分，在代謝中起催化作用的酶、抵抗疾病的抗體、促進生理活動的激素都是蛋白質的衍生物。蛋白質還有維持人體體液平衡、酸鹼平衡、動載物質、傳遞遺傳信息的作用。

科學研究發現，人每天需要攝入七十到八十克蛋白質較爲合理，過

多或過少都會產生問題。除攝入總量需要注意外，同時要注意優質蛋白質的攝取，一般應不得少於總量的三分之一。

牛奶、禽蛋、瘦肉、魚類、家禽、豆類都富含優質蛋白質。大豆類含有較豐富的植物蛋白質，對延緩消化系統退行性變大有好處。

● **吃醣過多，容易引起糖尿病，需要適當限制醣類的攝入**

作爲高熱量食物的醣類，攝入過量不但會引發肥胖，還會增加胰腺的負擔，易引起糖尿病。另外，在患消化性疾病時如進甜食，還會促進胃酸分泌，可使症狀加重。

因此，除日常供應的碳水化合物外，不宜額外多吃甜食。在限制過多的醣類，自感食量不足時，可增加吃含醣量少、含纖維素多的蔬菜、水果，如筍乾、辣椒、菜花、香菇、紫菜、紅果乾、桑葚乾、櫻桃、棗類、石榴、蘋果等。這些食物還可促進腸道蠕動和膽固醇的清除。

● **多吃含鈣質豐富的食物**

牛奶、海帶、豆製品及新鮮蔬菜和水果，對預防骨質疏鬆、預防貧血和降低膽固醇等都有作用。工作再繁忙，早餐儘量喝些牛奶或者一杯新鮮豆漿。臨睡前也可以喝一些牛奶，不但可以補充鈣質，還有利於睡眠。

● **嚴格控制食鹽量**

食鹽是人每日必不可少的，但一定要適量。過量會傷害脾胃和引起高血壓，專家建議每天進鹽量不宜超過八克。

近年來，有相關調查資料顯示，各類癌症的發病年齡正日趨低齡化。經常看著身邊的同事或親友年紀輕輕就被癌症奪去了生命，我們的心中不免惴惴不安。

眾多疾病和營養學專家經調查研究發現，這極有可能和當下的飲食有關，因此在飲食方面應引起注意。

如想有效防止癌症低齡化的侵襲，在以上幾條基本膳食結構建議的基礎上，專家認爲還大致包括以下相對嚴格的建議。

主要選擇植物性食物，如蔬菜、水果、豆類和粗加工澱粉性主食；

每日應吃四百到八百克水果、蔬菜；

每日應吃六百到八百克穀類、豆類、根莖類食物，少吃精製糖；

脂肪和油的能量不應超過攝入總能量的百分之三十；

如果吃肉，每日紅肉的攝取量應低於八十克；

不吃室溫下存放過久的食物，因爲這種食物易污染上黴菌毒素；

不吃的食物要冷藏，以免腐敗變質；

不吃燒焦的食物；

少吃在明火上直接燒烤的肉和魚，少吃熏肉；

要用較低的溫度烹調肉和魚；

如果飲酒，男子每日限飲兩杯，女子限飲一杯。

5 每週保證抽出一天的時間休息

印度詩人泰戈爾說：「休息與工作的關係，正如眼瞼與眼睛的關係。」以犧牲一切時間爲代價換取財富和地位是最愚蠢的行爲。只知道收穫果實，而不知道享受果實，沒有任何的意義。

在工作上要量力而行，做任何工作都要有適當、適量的標準，不要因爲過度疲勞而讓生活失去意義。最完美的表現是你的生活充實但是不辛苦。列寧說過：「會休息的人，才會工作。」人追求自己的事業，這無可厚非，但是不要以犧牲一切時間爲代價，這樣只能讓你距離快樂越來越遠。一個會生活的人，懂得在健康和事業之間尋找平衡點，做到健康、事業雙豐收。沒有健康的體魄和心靈，你渴望得到的一切都是虛幻的。如果能夠有一個休息的週末，那麼就不要讓自己的休閒時間浪費在繁重的工作中。

要知道，現在自己拚搏在事業上，其實都是爲了能夠讓自己的生命體驗到更多的美好和舒心。但是如果你只顧著埋頭苦幹，不懂得知足，不注意休息，生活的品質也會大大地降低，而且還會失去健康，甚至失去生命。所以一定要保證自己，無論多忙都能夠在週末的時候，放下一些煩心的工作，安心地休息。享受週末和朋友、家人在一起團聚的時間，享受生活中最平凡的歡樂和幸福。

邱吉爾是英國歷史上最偉大的首相之一，在做英國首相期間，其責任重大、工作繁忙可想而知，但他對休息非常重視。

第二次世界大戰期間，邱吉爾已經是七十歲高齡，仍然日理萬機，每天都非常忙碌，但他總是精力充沛，充滿熱情地去工作，絲毫沒有流露出疲倦的神色。這主要得益於他能夠注意休息，在工作之餘能及時地放鬆自己，抓住空閒的點滴時間休息。

一般情況下，他每天中午都要睡一個小時，晚上八點吃飯之前也要睡兩個小時，即使乘車他也會利用這個時間閉目養神，休息一下。

邱吉爾還有個習慣，一天中無論什麼時候，只要一停止工作，就爬進熱氣騰騰的浴缸中洗澡，然後裸著身體在浴室裏來回踱步以放鬆自己。

由於能夠保持良好的精力，邱吉爾在任職英國首相期間，取得了輝煌的政績。第二次世界大戰期間，邱吉爾和羅斯福、史達林一起制訂同盟國的戰略計畫。一九四〇年五月十日，也就是希特勒向西歐發動進攻的當天，邱吉爾迅速把國民經濟轉入戰時軌道。英軍自敦克爾克撤退和法國投降後，邱吉爾堅定地領導英國及英聯邦國家人民英勇地進行反法西斯戰爭，在不列顛之戰中重創德國空軍，粉碎希特勒進攻英國本土的計畫。一九四一年六月廿二日希特勒進攻蘇聯的當天，邱吉爾迅速明確地表示保證援助蘇聯人民。一九四一年八月，邱吉爾與羅斯福總統在紐芬蘭的普拉森夏灣會晤，發佈了關於對德戰爭的目的和戰後和平的《大西洋憲章》。之後他的政策就是與蘇聯、美國建立反法西斯聯盟。一九四一年十二月，日本偷襲珍珠港，他馬上與美國締結一系列協議，建立聯合委員會，籌備兩國的經濟和軍事資源，成立聯合參謀部和各戰區的聯合司令部。可以說，第二次世界大戰的勝利，離不開邱吉爾精神飽滿的工作和努力，邱吉爾的貢獻對於第二次世界大戰的勝利是必不可少的。

有人曾問他精力充沛、身體健康的秘訣，邱吉爾說：「我的秘訣是當我卸下制服時，也就把責任一起卸下了。」

很多追求成功的人，都捨不得停下自己的腳步放鬆自己。在他們看來，放鬆是對自己的不負責任，是對時間的一種浪費。他們認爲，只有永不停歇，才能早日獲得成功。即使已經筋疲力盡，他們依然不願意停止，這種想法的確難能可貴，但這不是明智之舉。

如果你覺得成功可以讓你獲得更多名利和權力，那麼，你可以把自己看成一名成功者，並且努力地去達成你的目標。但是你不能強迫自己在身心疲憊的狀態下仍堅持工作，這會讓你處於不健康的狀態。

疲倦的感覺是身體反映出來的警告。提醒我們身體某個部位超負荷了。如果置之不理，將會增加我們整個身體的負擔。所以，一旦出現了警告資訊，讓負擔過重的部位恢復正常，才是明智之舉。

無論一架機器多麼精良，如果不按時加油保養，機器都有毀壞的危險；無論一塊手錶多麼精準，如果始終將發條上得十足，錶將不會使用很久。擅長駕駛的人，永遠不會把車開得過快；精於彈琴的人永遠不會把琴弦繃得過緊。人也是如此，如果一個人整天忙於學習和工作，勞累過度，等到支撐不住時才肯罷手，那麼他可能從此一蹶不振，再也無法恢復往日的健康了。

數年前，美國IMG公司聘用了一位精力充沛的女業務代表，負責在高爾夫球場及網球場上的新人當中發掘明日之星。美國西岸有位網球選手特別受她賞識，她決定招攬對方加盟IMG公司。從此，縱使每天在紐約的辦公室忙上十二小時，她也不忘時時打電話到加州，關心這個選手的受訓情況。他到歐洲比賽時，她也會趁出差之際抽空去探望他，為他打點。有好幾次，她居然連續三天都未合眼，忙著飛來飛去，追蹤這個選手的進步狀況，儘管手邊還有一大堆積壓已久的報告。可悲的事終於在法國公開賽上發生了。照原定日程，這位女業務代表不必出席這項比賽，但是她說服主管，為了維持與那位年輕選手的關係，她要求到場。主管勉強應允，但要求她得在出發前把一些緊急公務處理完畢，結果她又幾個晚上沒合眼。

最後，她終於登上了飛往巴黎的飛機，但時差及重大賽事壓力讓積極能幹的她到最後大腦空空。抵達巴黎當天，在一個為選手、新聞界與特別來賓舉行的宴會上，她依舊盯著那位選手，並且時時為他引見一些要人。當時是瑞典名將柏格獨領風騷的年代，他剛好又是IMG公司的客戶，也是那位年輕選手的偶像，她介紹他倆認識，然而，令人難堪的事發生了。柏格正在房間與一些歐洲體育記者閒聊，她與年輕選手迎上前去。

對方望向這邊時，她說：「柏格，容我介紹這位……」天哪！她居然忘了自己最得意的球員的姓名！她實在是精疲力竭，過度疲勞使她腦子一片空白。好在柏格有風度，盡力打圓場，消除了尷尬，可是這位年輕選手卻面紅耳赤、張口結舌，心中更是難過得不得了，從此，他再也不相信IMG的業務代表是真心對他了。

可悲的是，她一片苦心，卻由於疲勞過度這一單純因素而造成無可挽回的失誤。她發掘的這位選手後來果真進入世界前十名，卻不再是IMG公司的客戶。

現實生活中，有太多的人爲了賺取加班費而損耗自己的身體，用自己的健康來換取金錢。有的人吃飽穿暖還是不滿足，希望自己不僅僅可以吃飽，還可以吃一半，扔一半，享受一下浪費的感覺。人們對於金錢和欲望的貪婪遠遠地超過了自己的生活所需，當這些金錢都變成了數字堆砌在那的時候，忽然間又覺得了然無趣。對於一種東西毫無意義地索取，甚至以損害自己的生命作爲代價，實在是十足的可笑。貪婪讓人迷失自我，不知足能夠摧毀一個人的肉體和精神，最後將人送進人生的墳墓。

一個人倘若能夠贏得全世界卻輸了自己還有什麼意義？生活中的很多物質不是我們用生命能夠換來的，人的貪欲就像無底洞，永遠都塡不平。當然倘若將身外之物看得很重，那麼僅有財富卻輕視生命的人生是空虛的。貪婪的生活節奏是很快的，它會帶人走進十足壓抑的環境。它慢慢地侵蝕你的生命，讓生命一點點透支，當你想要放下這一切的時候卻發現，自己已經被掏空了。任何財富都沒有生命有價値，因爲有了生命才可以創造無限的財富，但是有了無限的財富卻沒有生命，你要如何消受自己的財富呢？

要知道，每個人的生命只有一次，不要讓自己爲了追求所謂的金錢和地位而變成生活節奏過快的人。一個人要想生活得快樂、瀟灑和舒心，首先要學會知足，學會隨遇而安。人的一生如果不能腳踏實地地走，最終短暫的人生會「載不動許多愁」。懂生活的人，絕對不會佔用週末的時間去工作，懂得勞逸結合才是真正的人生。

6 參加一次葬禮，感受生命的可貴

有人曾說：「我們既到世上走了一遭，就得珍惜生命的價值。在某種意義上說，生要比死更難。死，只需要一時的勇氣，生，卻需要一世的膽識。」

生活的忙碌已經讓很多人失去了對生命的思索和對生活真正含義的體會了。現代社會，由於工作的繁重，很多人都身心疲憊，根據一項關於「過勞死」的調查顯示，每天工作十小時以上的人已經超過了百分之二十，生活中有百分之八十二的人選擇了每天工作十五小時以上。在如此的強壓之下，身體自然達到了承受的極限。忙碌的生活已經沒有機會讓人們坐下來沉思，想想生命的真正意義了。

曾有人說：「人，不會感到健康，只會感到疾病。」對於生命也是如此，當我們快樂地生活時，很難真切地體會到生命的可貴，很難有時間去認真考慮生老病死的問題。只有當生命無可挽回地從手邊溜走時，我們才知道這是無法彌補的損失。

如果你對死亡的認識依然膚淺，那就去參加一次葬禮吧，真切地感受人們對於死亡的態度，從內心深處體會到生命的可貴。

夫妻兩人在同一個廠裏上班，女人常年上早班，而男人常年上夜班。男人每天凌晨四點下班，女人早上五點上班。他們每天在一起的時間，不過短短一個小時。男人下班後做的第一件事就是熬白米粥，等女人上班前吃。男人只會熬白米粥，況且他們的生活條件也只允許他們喝白米粥。但女人從沒有怨言，就是這碗白米粥，女人卻吃得津津有味。

後來，廠子效益不好，男人失業了。夫妻倆東湊西湊開了間雜貨店，男人做得很用心，女人下班後，也來幫忙打理。沒人的時候，兩人時常幸福地憧憬著。

「等有錢了，把咱的店開得哪兒都是。」男人嘿嘿地笑著說。女人說：「那我就不用上班了，天天變著花樣給你做好吃的。」「還用你做，到時候咱天天上館子吃。」男人雄心壯志地說。「不，我就想吃你熬的白米粥。」女人撒嬌地說。男人便攬了女人的肩，眼睛熱熱的。

男人照常每天四點起床，一邊給女人熬白米粥，一邊盤算著店裏缺的貨，想著如何讓店贏利多起來。

男人的肯幹加頭腦靈活，生意越做越順，到第六個年頭，他的連鎖店果然弄得到處都是。女人辭職做起了全職太太。他們買了高檔洋房，廚房裝修得精緻漂亮，缺少的，只是煙火的味道。因為，男人回家吃飯的次數越來越少。他總在忙，總在應酬。開始時，女人也埋怨，這時，男人總說：「我還不是為了這個家啊，讓你生活得更好一些……」後來女人也累了，漸漸地，也就習以為常。

一天，男人突然被通知去參加一個朋友的葬禮。殯儀館裏，他看到了朋友的遺孀，那個優雅漂亮的女人，一夜之間憔悴衰老。她哭得死去活來，嘴裏絮絮叨叨地說：「以後誰送我上班接我下班？誰給我繫鞋帶繫圍巾……」他窒息，不由得就想到了她，想到那些為她熬白粥的早晨，想到每天她接過那一碗白粥時，眼裏的幸福和滿足。

男人幾乎是一路飛奔地往家趕。回到家，女人外出還沒回來，他一邊煮著粥，一邊想：「活著真好，還好自己還能給心愛的人熬粥。」

參加朋友的葬禮，面對死亡，面對生命，男人懂得了珍惜，活著就好，活著就要珍惜，每一天、每一小時、每一分鐘、每一秒。去參加一次葬禮吧，真切地感受一下人們對死亡的態度。這也會促使我們更加懂得把握現在，珍惜手中的光陰。

年輕人往往感覺不到生命的可貴，他們總覺得生命還很漫長。他們每天都在無謂的忙碌中，每天處於精彩的生命中，以至於沒有時間認真地考慮生與死的問題。他們不明白浪費時間就是浪費生命的真正含義，更不知道人活著的真正意義在於奮鬥，而不在於荒度。待到醒悟時，方覺得逝去的日子是多麼珍貴，可惜一大段的生命已經過去了，過去的成了永遠無法彌補的損失。

我們不應該讓忙碌的工作來取代自己的生活，優秀並不是靠忙碌來證實的，至少你在閒暇的時間，找機會去一次墓地，感受一下生命的意義。當你平靜地將自己的思緒投於眼前的一切時，那地下的長眠者能夠給你的啓示就是讓自己的心靈解脫，要學會適當地放鬆。你需要明白生活的意義並不在於忙碌和緊張，靜下心來，感受生命中的平和，放飛自己被重壓的心靈，讓自己以輕鬆的姿態去工作。

其實，生命的過程就是一道減法，一旦出生，我們就在步步逼近死亡。難怪古希臘哲學家會說：「最好是不出生。」因爲出生就必然意味著死亡，這雖然是一個自然的過程，但對人類來說，也是一個無法避免的悲劇。可是，在很多時候，我們總在做加法和乘法，以爲只要在有生之年，儘量累積財富就會積攢幸福。殊不知，生命盡頭的最後一道算式，是除數爲零的除法，結局歸零。

只有在葬禮上，我們才會覺得生命是如此地彌足珍貴，正如只有在患病時才覺得健康是件多麼幸福的事。這就是葬禮給我們的提示和警告。所以，年輕人要去參加一次葬禮，真切地感受一下對死亡的態度。

生命如此短暫，匆匆的一生，你得到了什麼，失去了什麼，假如生命即將結束，你會不會有一些遺憾？那麼這剩下的一段人生路，你又該如何走過？

7 痛快地哭一場吧

人們常說，堅強點兒好！在耳濡目染之間，慢慢地，我們變得堅強。有時心中的苦悶和煩惱，也因要堅強一笑而過；有時心頭湧上的感動，洶湧而來的淚水，也因堅強而消失；有時心中的委屈，也不曾用痛哭來發洩。可是，有時候，我們真的很想用眼淚來宣洩。

堅強，固然是好，可是，它卻阻礙了我們抒發情感的道路，它只能讓我們在心中痛苦地忍受一切。適當地哭泣吧，告訴自己有時可以卸下堅強。

為了追求理想中的愛情，三十三歲的江玲成了名副其實的剩女。然而和大部分挑剔高傲的剩女不太一樣，她有著一顆太自卑的心。當然，她長得並不醜，身材苗條，容貌清秀，也有一份不錯的工作，是單位的骨幹力量。

因為始終抱著寧缺毋濫的心態尋找屬於自己的愛情，直到廿八歲，江玲仍然未認認真真地談過一次戀愛。然而廿八歲那年，她卻患上了一種慢性免疫系統疾病，雖然這種病不會傳染，也不會遺傳，但必須終生服藥控制病情。

那一刻，江玲幾近崩潰，對人生抱著悲觀心態，幾次想到了自殺。為了父母，她選擇了堅強地活下去。為了了卻父母多年的心願，當務之急，她收起了對愛情的幻想，決定找一個對自己好的人結婚生子。經過篩選，江玲鎖定了大學同學陳晨。陳晨從上大學開始就喜歡上了江玲，對江玲可謂死心塌地，畢業六年了，仍然不忘每年情人節送她玫瑰。江玲想，這樣一個死心塌地對自己好的人，除了父母，世界上恐怕沒有第二個人了。於是，她答應了陳晨的戀愛請求，並且將自己的病情告訴了他。陳晨表現得很堅決，說道：「不用怕，有什麼困難我們一起面對！」江玲聽完，非常感動，陳晨在明知她有病，還願意與她一同面對，這份深情，她下定決心要用一輩子來回報。

但是，他們的戀情卻遭到了陳晨父母的強烈反對。開始時，陳晨還與父母抗爭，然而，老人堅決不同意。後來，陳晨在見過家人為他安排的相親對象後，告訴江玲，在她和父母之間，他只能選擇順從父母。

陳晨的拋棄，無疑是給了江玲又一重大的打擊。但江玲是一個遇強則不弱的人。經過撕心裂肺的恨之後，她再次選擇了堅強，重新振作。江玲開始相親，開始微笑著去爭取自己的幸福。

半年後，她遇到了溫東。溫東是個工程師，斯文帥氣。從第一眼看到他，江玲覺得此前所受的磨難是老天對自己的考驗。他是她一直期待的白馬王子，他的一切，她全部都愛。溫東對江玲也頗有好感，兩個很快就確立了戀愛關係。相戀一個月後，江玲將自己的病情告訴了溫東，溫東很坦率地說，自己不在乎。那一刻，江玲覺得自己是世界上最幸福的人。

這是江玲第一次投入地愛一個人，她毫無保留地愛著溫東，很珍惜這段來之不易的感情，處處為他著想。然而，同樣的事情再次發生，溫東的父母也不同意兩人的戀情。江玲提出了分手，溫東沒有絲毫猶豫就同意了。

江玲第一次體會到萬箭穿心的滋味。四年來，她吃藥比飯還要多，她曾一個人上手術臺，一個人回家，自己在手術單上簽字……她一直以為自己可以堅強地撐下去……

在好友面前，江玲卸下了所有的堅強，大顆眼淚從她的臉生活就像五味瓶，酸甜苦辣鹹；生活就像氣球，也有一定的承受能力。從某種意義上說，江玲是不幸的，也是堅強的，但堅強也要有限度。當痛苦衝破了人的承受底線，適當的哭泣不失爲最好的方法。

眼淚是上天賜給我們最寶貴的禮物之一。我們無法阻止眼淚不去掉落，你不會哭泣是因爲你未到傷心處。不是說人不應該堅強，但總有個限度。當你把一個彈簧拉長的時間過久它就會報廢，人亦如此。所以在堅強的同時，我們必須適當地去哭泣。用眼淚去滋潤我們那已經乾枯已久的心靈。

人生漫漫幾十年，每個人的生活都是坎坷不平的，只是程度不同而已。很多人表面波瀾不驚，其實只是讓痛苦悶在心裏發酵、腐爛，卻從不流露半滴。或許，每個人的心裏都有著不爲人知的脆弱，當面具被卸下時，誰不會痛哭一場呢？

有哭有笑的生活才是多姿多彩的，任何人的一生都不可能平靜無奇。所以，當我們無法忍受委屈和痛苦時，就讓眼淚落下來吧！適當地哭泣，暫時卸掉堅強。讓淚水把我們疲勞的心滋潤一下，讓自己的心休息一下，看看雨後的彩虹，擦乾眼淚時，我們會變得更堅強。人們常說「堅強的人不哭」，其實哭泣是一條很好的消除痛苦的道路，是一條健康之路。該哭則哭，哭得適度，不必吝嗇眼淚，讓它宣洩你所有的煩惱，帶你做回那個曾經愛笑的自己。

不要擔心哭過之後的後果。沒有人會覺得你是脆弱的，或是虛僞的，因爲你只是表現出自己最真實的一面而已，甚至恰恰做了他們也想做的事。那些真正愛你的人只會從你的眼淚和抽噎中，生出更多對你的關愛和疼惜，就像心疼孩童時代那個偶爾任性的你。至於那些不愛你的人，又何必去在意他們怎麼想。

如果你累了、倦了、痛了、想哭了，那就大方地放聲哭一次。鹹澀的眼淚會溶解掉那些虛僞的面具，痛快的號啕能夠衝破現實的藩籬。它會幫助你釋放出所有的毒素，不管是心理上的還是身體上的。

我們有時需要這種自我調整，不要再背叛自己自然的心意，想表達什麼，找個時間實現它。即使你是一個在人前風光無限高高在上的主管，或者一向堅強不被打倒的強人，都需要一種發洩，一種不僞裝自己、不爲難自己的真實。

8 換一種生活方式，為健康加加油

在一次應酬中碰到一位郭先生，席間大家無意中猜測起他的年齡，不曾想沒有一個人猜對，而且距他的真實年齡竟年輕了十多歲。於是在座的女士不由心生好奇，紛紛向郭先生討教養生秘訣。

郭先生的理論倒有些新奇，認為男人養生要學一些女人的生活方式，反之亦然。他稱自己十多年前就特別注意養生，甚至還有用眼霜的習慣，而郭先生平時雖有煙酒的癖好，但也很注重攝入男人易忽略的水果蔬菜等食物，在性格上，他說自己也會跟妻子「學樣」，善於與人傾訴，而不像一般男士一樣萬事能「扛」……

在座的女性無不點頭稱是，郭先生此時又話鋒一轉，認為女士平日裏多注重養顏、注重營養平衡，卻往往缺乏鍛煉，而性格上也過於敏感，是女性衰老的大敵。

的確，細忖現代男女的生活方式，是有明顯的不同。而飲食習慣、作息時間、性格、心態等等對養顏、養生等都起到一定的作用。世界原本是男人和女人的組合，儘管生理特徵不可變更，但只要對健康有益，就大可以跨越性別，讓兩性之間相互取長補短，實現對健康有益的另一種「陰陽調和」。

現在的男性應酬較多，工作壓力大，出現「三高」的男士也日益增多。因此在營養方面往往只注意降低脂肪、膽固醇和增加蛋白質，卻忽視其他營養素的合理攝取。女性對營養的攝入則往往更周全，女性喜吃零食及水果，其實男士平時也應有意識吃一些山核桃、松子、榛子、瓜子等含有豐富的維生素E、無機鹽和微量元素的堅果類食品，不但能有效預防膽固醇堵塞，也有助於對抗心臟病，而吃水果和蔬菜也能獲取其他抗氧化劑。

另外，一次簡短的交談對於男性和女性可能有迥然不同的意義。在男性，交談是提出問題，辯論是非以及找出解決的辦法。而女性更多地將交談看作是與聽者分享其感情的一條管道，她們往往說個不停，直到覺得好受爲止。向女性學學傾訴，對男性來說勢必起到一定的減壓作用。

現代女性在事業上的壓力也比以前明顯加大，但女性對自身的愛護卻更趨向於「靜養」，除了注重營養平衡，對美容、美體也是樂此不疲。儘管現代女性有不少人熱衷於往健身房走，但更多的女性則以忙、累甚至擔心運動會導致發胖而拒絕運動，所以長年不出汗是現代女性一個非常普遍的現象。而事實上人吃的五穀雜糧、喝進體內的各種物質，僅靠大小便排泄廢物是不行的，當人體內的有機物質排泄不暢，多會引發各種代謝性疾病；而人體內的無機物質排泄不暢，多會引發人體細胞的突變（癌症）。而運動不僅可以幫助女性出汗，也能讓女性更開朗，更容易調節不良情緒。因此那些把逛街、做家務當成「運動」的現代女性，真應該跟著自家的先生一起去感受運動的樂趣了。

看看自己身邊的愛人吧，如果他的健康之道正是自己缺乏的，那麼趕快相互督促，一起來爲健康加油。

第六章

管好情緒，好心情帶來好運氣

暢銷書《秘密》中講述了一個關於心想事成的秘密：「你生活中所發生的所有事情，都是你自己吸引來的！是你頭腦中所想像的圖像吸引來的。那些事情都是你的思想所導致！不管你腦中想什麼，你都會把它吸引過來。」當你的情緒改變了，你選擇快樂，那你必然會擁有快樂的能量。

1 把嫉妒改變為羨慕，別讓它毀了你的幸福

壞情緒是生活的一部分，沒有人會主動去選擇壞情緒。它是基於我們神經系統的一種本能反應。

如果你「情緒感冒」了，說明別人在某方面讓你感到不滿，但在更大程度上，壞情緒反映了你本人的情況，比如你的性情，你看待世界的方式，你的生活是否穩定和諧，以及你是否善於原諒別人，等等。

喜歡嫉妒的人，總是容易心懷不滿，動輒生氣。但是，一個勁地

生氣有用嗎？生氣，既顯示了自己的氣量狹小，又起不到任何作用。因此，與其乾坐著生氣，倒不如好好爭口氣。

每個人都應該是自己人生的建造者。既然生活是自己創造的，心情是自己營造的，就用不著爲那些不著邊際的瑣碎小事鬧心。

如果你覺得別人比你好，比你出色，你就加把勁趕上去，力爭上游。有意識地提高自己的思想認識水準，正是消除和化解嫉妒心理的直接對策。對於比你強大和能幹的人，你不僅要有單純的羨慕和崇拜，你更應該抱持一種「我一定會比你強，我一定能超過你」的想法。有了積極正面的思考方式，然後才會帶來奮發向上的實際行動。爭取做到「後來者居上」，你才能活出生命的色彩。

儘管嫉妒和羨慕只是一線之差，卻有著天淵之別。嫉妒的人是在打擊別人的過程中尋找快樂，以求得心理平衡，而他們自己的生活卻搞得一團糟。

如果一個人很喜歡與別人進行比較，同時又不能對自己做出正確的評價，就會產生嫉妒。比較會導致自卑，失去信心，當機會再一次來臨時，就會失去嘗試的勇氣，連超越他人的志氣都會化爲烏有。

工作及社交中嫉妒心理往往發生在雙方及多方，因此注意自己的性格修養，尊重與樂於幫助他人，尤其是自己的對手。這樣不但可以克服自己的嫉妒心理，而且可使自己免受或少受嫉妒的傷害。同時還可以取得事業上的成功，又能感受到生活的愉悅。

與其嫉妒那些比自己強的人，還不如把嫉妒變爲動力，多結交一些比自己強的人，從他們的身上學習成功的經驗，提高自己的能力，促使自己也成功。

一位名叫亞瑟．史蒂夫的農家少年，一直很嫉妒那些商界的成功人士，他是一個好強的人。有一天在雜誌上讀了大實業家愛德華的故事，他很嫉妒愛德華能有這樣巨大的成功，但又轉念一想，為什麼自己要在這嫉妒呢？再怎樣嫉妒都不可能像他那樣成功，何不向他請教，對他的成功經歷瞭解得更詳細些，並得到他的忠告，這樣自己或許也能取得成功。

有這樣的想法與動力後，他跑到了紐約，也不管幾點開始辦公，早上七點就來到愛德華的事務所。在第二間辦公室裏，史蒂夫立刻認出面前這位體格結實、濃眉大眼的人就是愛德華，這讓他興奮不已。一開始，高個子的愛德華覺得這少年有點討厭，然而一聽少年問他「我很想知道，我怎麼才能賺到百萬美元？」時，他的表情變得柔和並微笑起來，兩人竟談了差不多一個小時。隨後愛德華還告訴史蒂夫該怎樣去訪問其他實業界的名人。

史蒂夫照著愛德華的指示，遍訪了那些曾讓他嫉妒的一流的商人、總編及銀行家。在賺錢方面，史蒂夫所得到的忠告並不見得對他有所幫助，但是能得到成功者的知遇，給了他自信，他開始化嫉妒為奮進的動力，仿效他們成功的做法。

過了兩年，這個二十歲的青年，成為當初他做學徒的那家工廠的所有者。廿四歲時，他成了一家農業機械廠的總經理，就這樣，在不到五年的時間裏，史蒂夫就如願以償地賺到了百萬美元。後來，這個來自鄉村粗陋木屋的少年，又成為一家銀行董事會的一員。

史蒂夫在以後的創業過程中，一直實踐著他年輕時到紐約學到的基本信條：多與比自己優秀的人結交，把嫉妒別人轉變為學習別人的長處，以此來幫助自己成功。

史蒂夫的做法是值得我們學習的，我們可以把嫉妒對象當作對手，不是向他攻擊而是向他挑戰、學習。俗話說：「只要功夫深，鐵杵磨成針。」很多事情別人能幹，自己也一樣能幹，而且可能會做得更好。

比爾．蓋茨說：「和那些優秀的人接觸，你會受到良好的影響。」然而要與優秀的人物締結友情，跟第一次想賺百萬美元一樣，起初是相當困難的。其中的原因並不在於對方的出類拔萃，而在於我們自己的嫉妒之心，不願友好地進行溝通與交往。

但是我們不得不承認與比自己強的人結交是很有好處的。

第一，和比自己優秀的人在一起，我們就會嫉妒別人，容不得自己不如別人，別人行，我一定也行，於是想方設法要超過別人，這樣就將嫉妒之心轉化爲了好強的求勝之心，促使我們能夠很快地成長並超越別人。

第二，結交一個優秀的人，比我們作的任何決定都來得重要。因爲，借由他們的成功經驗、成功模式，能使我們在非常短的時間內，產生非常大的效益。他們也把他們失敗時所做錯的事情讓我們知道，哪些是我們不要做、不能犯的錯誤。他們會讓我們省下非常多的時間，走對方向，少走彎路。

看到與自己所嫉妒的人之間的差距，以所嫉妒的人爲榜樣，爲目標，揚長避短，擇其善而從之，見其惡而避之，自己努力改進，迎頭向上，積極地將嫉妒心理轉化為進取的動力，不會讓嫉妒使自己的心理不平衡。

同時我們應當認識到，有些事情是不取決於人自身的。如一個人的出身、相貌等，不是想改變就能改變的，因此我們沒有理由去嫉妒別人。我們要挖掘己不如人的根源，要弄明白別人到底為什麼比自己強。也許，他取得的成績是努力拚搏的結果，我們自己是不是做得還很不夠呢？如果是，我們應當提醒自己加倍努力。

對別人產生嫉妒並不可怕，關鍵要看我們能不能正視嫉妒。如果能把嫉妒轉化為成功的動力，時時鞭策自己，化消極為積極，往往會使我們趕上甚至超過別人。

2 管住壞情緒，學會從憤怒中獲益

憤怒是一種非常大眾化的感情。成千上萬的人毫無必要地受到「毒性憤怒」的侵害，這種憤怒每一天都在實實在在地毒害著他們的生活。憤怒是無法徹底消除的，而且也沒有必要消除它。但你有必要對它進行很好的管理和控制。不管是在家裏、在工作中，還是在你和關係親密的人相處的過程中，都需要進行憤怒管理，這樣你就可以從憤怒中獲益。

憤怒就其本身的特性來說是短暫的。它就像拍打沙灘的波浪一樣，來得快去得也快。對於大多數人來說，五到十分鐘之後，火氣就下去了。但對某些人，憤怒會揮之不去，並有可能愈演愈烈。

不悅要比憤怒更加常見。如果僅僅感到不悅，一般不是什麼問題，但前提是這種感覺能就此打住，不往下發展。

怎樣才能讓不悅之情就此打住不往下發展呢？下次有人惹你不高興時，你可以嘗試像下面這樣去做：

不要把事情想得過分嚴重。用正確的眼光對待。如果在開車時有一輛車突然插到了你的前面，要記住這只是讓你不快的小事，而不是世界末日。

不要把問題個人化。那個開車時插到你前面的司機並不認識你——他很可能並沒有意識到給你帶來的不快。也許某件事讓他不順心，因此想發洩出來，但這絕對不是針對你本人。

不要指責別人。一旦開始指責另外一個人，就很容易使你的不快升級。所以，讓事情就這麼過去吧，別再去追究。

不要老想著報復。把某事歸罪於某人後，下一步往往就是報復。與其這樣，不如把精力用在比報復更有用的事情上面。

不斷探尋讓自己面對某種情況而不生氣的方法。開車的時候其他司機讓你不悅，但你該怎樣做才能不讓這種不悅升級爲憤怒呢？也許你可以播放自己喜歡的音樂，或者收聽自己喜歡的電臺節目，特別是一些輕鬆愉快的節目，也許一些其他的方法對你更有效。總之，你要不斷地總結和摸索。

不要把自己看成一個無助的受害者。採取一些措施使自己適應令你不快的情況，或者想辦法改變這種情況。不管你做什麼，只要你在做，就比光在那裏生氣要好。

不要讓負面情緒放大你的憤怒。憤怒會加劇你的鬱悶。告訴自己：我不會因這種令人不快的情況使我的壞心情雪上加霜。問自己：如果我心情不這樣糟糕，遇到這種情況我會怎樣做？然後就那樣去做。

有一個年輕的農夫，划著小船，給另一個村子的村民運送自家的農產品。那天的天氣酷熱難耐，農夫汗流浹背，苦不堪言。他心急火燎地划著小船，希望趕緊完成運送任務，以便在天黑之前能返回家中。突然，農夫發現前面有一隻小船沿河而下，迎面向自己快速駛來。眼看兩隻船就要撞上了，但那艘船並沒有絲毫避讓的意思，似乎是有意要撞翻農夫的小船。

「讓開，快點讓開！你這個白癡！」農夫大聲地向對面的船吼道，「再不讓開你就要撞上我了！」

但農夫的吼叫完全沒用，儘管農夫手忙腳亂地企圖讓開水道，但為時已晚，那艘船還是重重地撞上了他的船。農夫被激怒了，他厲聲斥責道：「你會不會駕船，這麼寬的河面，你竟然撞到了我的船上！」

當農夫怒目審視那艘小船時，他吃驚地發現，小船上空無一人，聽他大呼小叫、厲聲斥罵的只是一艘掙脫了繩索、順河在多數情況下，當你責難、怒吼的時候，你的聽眾或許只是一隻空船。那個一再惹怒你的人，決不會因爲你的斥責而改變他的航向。

如果你能學會控制自己的情緒，冷靜分析那些容易讓你生氣發火的原因，你就可以知道自己還欠缺什麼，自己害怕什麼，自己想要什麼。

3 世事無常，看你選擇快樂還是悲傷

也許有的人會說，生活對我來說充滿曲折和坎坷，磨難一個接著一個，幸福於我總是遙不可及，我怎麼可能擁有快樂，怎麼能不發脾氣呢？

其實快樂與人生的順境和逆境無關，只與人的願望和努力的方向有關。

你也許有一個不幸的童年：幼年喪父或喪母，甚至是一個父母雙亡的孤兒，可是你幼小的心靈裏充滿了不甘示弱的倔強，你當哭就哭，當笑就笑，用一種勤奮和韌性代替了心中的幽怨和委屈，就像磐石底下拱出的一棵嫩芽，不停地將彎彎曲曲的細長身體頑強地向上伸展著，去竭力爭取得到陽光雨露的滋潤，於是它的根在掙扎著生長的過程中深深地植入大地的胸膛，飽飲泉水和養分；它的軀幹和枝葉迎著燦爛的陽光茁壯而蓬勃地繁茂著；即便是在風雨中它也在不停地歌唱，所以童年不幸的你，完全可以像這棵嫩芽一樣，用堅強和樂觀洗去臉上的陰鬱和眸子裏的淚光，一步一步扎實地向前走，最後你一定會長成一棵參天的大樹。

也許你在情感的道路上突然遭受了一場嚴重的傷害，你的心被摧殘得支離破碎，你覺得就像靈魂已經飛走了一般，但是只要你心中還有一絲快樂殘存，那麼它就會慢慢治癒你心頭的創傷，使你那顆被情愛迷惑的心重新復甦，讓你感覺到天涯處處有芳草，快樂會幫助你重新找到屬於你的愛。

也許健康的你突然遇到一場飛來橫禍，變成了殘疾；也許原本家財萬貫的你突然破產，一夜間變成了個一貧如洗的窮光蛋；也許聰明好學的你竟然高考失利……總之世事無常，命運多舛，任何人都可能在任何時間和任何地點，遭受到不同的打擊和挫折，但是，任何事情的本身都沒有快樂和痛苦之分，快樂和痛苦是我們對這件事情的感受，同一件事情，你從不同角度來看待，就會有不同的感受。

比如兢兢業業工作著的你突然失業，你可以抱怨命運的不公平，可以痛恨上司的無情，可以憂傷得一籌莫展，但你也可以這樣想，命運又成就了我一次選擇職業的機會，也許從此我的生活會變得比以前更充實、更富裕，於是你心情輕鬆地踏上了求職的道路。一切的不愉快都不必掛在心頭，更無須梗阻於喉，那樣只能傷害身體，釀成頑疾。你要相信，一切都會有的，麵包會有的，牛奶會有的，總之工作是會有的，一切都會有的。

再比如，你不小心丟失了一件價格不菲的皮大衣，你可以對自己的粗心懊悔不已，可以對拾金而昧者耿耿於懷，但是你也可以這樣寬慰自己：從此一個衣衫襤褸的窮人不再懼怕冬天的嚴寒了，於是你就有了一種助人爲樂後的快慰。既然一切都不會失而復得，也就財去人安吧！

再比如，孩子拆壞了你精心收藏的一塊鐘錶，你可以痛心疾首地揍孩子一頓，於是孩子哭，大人罵，家裏頓時硝煙瀰漫，可是你是不是也可以在片刻的痛心之後，馬上這樣一想：孩子在實踐中又長了見識，於是你親切地摸摸孩子的頭：「孩子，你能把它再重新裝起來嗎？」笑一笑，自己樂，孩子樂，何樂而不爲？

事本無異，異的是心情。

邁克和湯普森幾年前跟人合夥做生意，運貨船突遇風浪，他們所有的財產包括夢想都沉入了海底。邁克經不起這個打擊，從此一蹶不振，整天失魂落魄，神思恍惚，可是湯普森卻活得有滋有味，他每天白天去碼頭做搬卸工，晚上還要去圖書館看行銷方面的書籍，生活得很充實、很快樂，於是邁克就去問湯普森，為什麼經歷了這麼大的磨難，他還能樂得起來，湯普森說：「你咒罵，你傷心，日子一天天地過去；你快活，你高興，日子也一天天地過去，你選擇哪一種呢？」他還勸邁克說：「你每天早晨起床前、晚上睡覺前，都花一些時間重溫當天發生的美好事情，這樣堅持下去試試。」

果然通過這種方式，邁克很快就培養起了對生活的積極態度，從而變得日益快樂起來，不久他就振作起來，在家人和朋友的幫助下，又開始從小生意做起，現在他已經成了一個成功的商人了。

一個人快樂與否與物質和社會環境無關，生活在和平、繁榮國度裏的人不一定就更快樂。大量資料表明，第二次世界大戰以來，人們的生活品質在諸多方面有所提高，然而自認爲生活快樂的人並沒有增加。相反，現代人擁有壞心情的機率卻增加了十倍。金錢和財富似乎能夠帶來快樂，然而當收入能夠滿足基本需求之後，金錢就不再是快樂的源泉。人們對優越的生活條件習以爲常後，就缺少了對生活的新奇感，從而也就遠離了快樂。

快樂，其實是一種境界、一種追求、一種憧憬，快樂也是一種情緒，懂得了控制情緒的方法，你就已站在了快樂的一方。

4 我很重要，我對自己充滿信心

在生活中，我們不自覺地在自己心目中塑造了很多的偶像，並且漸漸地習慣了仰視這些偶像，覺得他們高不可攀，其實這是人生最大的失誤，生命沒有高低貴賤，任何時候都不要看輕了自己。一個人再強也不要和別人比，再弱也要和自己比。只有挑戰過了自己，把以前的自己比下去了，你就會比別人強。

二戰後受經濟危機的影響，日本失業人數陡增，工廠效益也很不景氣。一家瀕臨倒閉的食品公司為了起死回生，決定裁員三分之一，其中清潔工、司機、無任何技術的倉管人員首當其衝。這三種人加起來有三十多名。

經理找他們談話，說明了裁員意圖。

清潔工說：「我們很重要，如果沒有我們打掃衛生，沒有整潔、優美、健康有序的工作環境，你們怎麼會全身心投入工作？」司機說：「我們很重要，這麼多產品沒有司機怎能迅速銷往市場？」

倉管人員說：「我們很重要，戰爭剛剛過去，許多人掙扎在饑餓線上，如果沒有我們，這些食品豈不要被流浪街頭的乞丐偷光？」

經理覺得他們說的話都很有道理，權衡再三決定不裁員，而是重新制定了管理策略。

最後經理令人在廠門口懸掛了一塊大匾，上面寫著：「我很重要。」

每天當員工們來上班，第一眼看到的便是「我很重要」這四個字。不管一線職工還是白領階層，都認為領導很重視他們，因此工作也很賣命。

這句話調動了全體員工的積極性，幾年後公司迅速崛起，成為日本有名的公司之一。

所以任何人只要認爲自己很重要，那麼他就有可能創造出奇蹟。人生的訣竅就是經營自己的長處。在人生的座標系裏，一個人如果站錯了位置——用他的短處而不是長處來謀生的話，那是非常可怕的，他可能會在永遠的卑微和失意中沉淪。

成才的道路有千萬條，每個人都可以選擇一條適合自己的路來走，最關鍵的不是向別人看齊，而是能夠對自己做出正確的估價，俗話說：

「尺有所短，寸有所長。」每個人都有自己的長處和短處，如果只看見自己的短處而看不見自己的長處，或者誇大短處而縮小長處，都是自卑的表現。拿自己的短處去跟別人的長處相比的話，那麼任何人都無法自信起來。

每個人身上都蘊藏著一份特殊的才能，那份才能猶如一位熟睡的巨人，等著我們去喚醒它，而這個巨人就是潛能。上天決不會虧待任何一個人，會給我們每個人無窮無盡的機會去充分發揮特長，只要我們能將潛能發揮得當，我們也能成爲愛因斯坦，也能成爲愛迪生。無論別人如何評價我們，無論我們年紀有多大，無論我們面前有多大阻力，只要相信自己，相信自己的潛能，就會有所成就。

事實上，世界本來屬於我們，只要抹去身上的浮灰，無限的潛能就會像原子反應堆裏的原子那樣充分發揮出來，我們就一定會有所作爲，創造奇蹟！

有一個女孩，左額頭上有一塊傷疤，這讓她覺得自己很醜，對自己的形象非常沒有信心，不願意和別人打招呼，甚至不願意抬頭走路，情緒每天都很低落。

一天，媽媽送了她一枚髮夾，說把這個髮夾別在頭髮上，就能擋住那塊傷疤了。女孩對著鏡子把髮夾別好，確實遮住了傷疤，她立刻覺得自己變漂亮了，於是就別著髮夾出門了。在剛出家門的時候，由於她太高興了，不小心和迎面走來的一個人撞上了，她面帶微笑地說了聲「對不起」，就去上學了。

一整天，女孩都覺得心情很好。好像每個人對她都比平時更親切，她也主動和別人打招呼，上課聽講也史認真了，因為她覺得好像每個老師都在注意她。尤其是在放學的時候，幾個平時不怎麼說話的同學，居然來找她一起回家。

回到家裏，女孩興奮地和媽媽說：「媽媽，你送給我的這個髮夾實在太神奇了！今天我感覺特別棒，從來沒有感覺這麼好過。」接著，她就把當天在學校發生的一切和媽媽講了。

媽媽聽後，納悶地說：「女兒，可是你今天並沒有戴這個髮夾啊，你看，早上你出門後，我在門口撿到了它！」

故事中這個女孩的變化，就是受到了積極的自我暗示的作用。堅持心理上積極的自我暗示，對改變個人現狀、獲得新的做事思路是非常重要的。

在實際生活中，怎樣通過積極的心理暗示來決定處理事情和工作的思路呢？

①利用語言的自我暗示。用於自我激勵的話，要有積極、肯定的意義，如「我是獨一無二的」「我對自己充滿信心」。

②利用環境的自我暗示。環境的意義很廣，可以是人，是物、是光、是聲等。例如心情煩躁時可以聽聽曲調舒緩的音樂。

③利用動作的自我暗示。緊張不安時，可以擴胸做深呼吸；心情煩悶時，可以反背雙手散步。

④利用自我「包裝」的自我暗示。剪短頭髮使人年輕精幹；長髮披肩使人瀟灑美麗；服裝樣式很少改變，暗示保持自己個性不隨波逐流。

⑤利用心理圖像的自我暗示。消極悲觀不如意時，回憶過去取得成功的愉快情景；身處逆境，信心動搖時，想像成功人士艱苦奮鬥的情景。

5 煩惱全都是自找的

每個人都曾有過煩惱或正在經歷煩惱，事實上，這些煩惱都是我們自找的。一個浮躁的人往往樂於自尋煩惱。你可以尋找甜蜜的愛情，你可以尋找美好的生活，但你絕不可以自尋煩惱。

每個人都有七情六欲和喜怒哀樂，煩惱也是人之常情，是人人避免不了的。但是，由於每個人對待煩惱的態度不同，所以煩惱對人的影響也不同，通常人們所說的樂天派與多愁善感型就是顯然的區別。樂天派的人一般很少自找煩惱，而且善於淡化煩惱，所以活得輕鬆，活得瀟灑；而多愁善感的人喜歡自找煩惱，一旦有了煩惱，憂愁萬千，牽腸掛肚，離不開，扔不掉，活得有些窩囊。

其實，人生的大多數煩惱都是自找的，本來就沒有煩惱，或者說原本就不是煩惱。例如，當了幾年處長之後就想當局長，結果提了一個資歷比自己差很多的人上去了，你肯定不高興，其實你所處的位置不知有多少人羡慕著，再說局長有局長的煩惱，而且局長的煩惱未必少。還有的人爲錢而煩惱，有了一萬想兩萬，有了兩萬想三萬……還是煩惱，可惜你除了想過錢多有錢多的得意，有沒有想過錢多有錢多的煩惱，錢少的或許沒有錢多的那麼神氣，但錢少的也沒有錢多的那麼多擔憂，平民小戶沒有大富人家對盜賊綁架的擔心，恐怕也少有爲爭奪家產使兄弟反目，甚至相殘的悲哀。

心理治療專家經過研究認爲：一個人若有以下心理或做法，必定會促使其自尋煩惱、無事生非：

①把別人的問題攬到自己身上。如果你把別人的問題攬到自己身上

而自怨自艾，把某些人不喜歡你的責任也統統歸因於自己，那麼要不多久，你就會煩惱成疾。

②做不可能實現的夢。最可憐的人是那些慣於抱有不切實際的希望的人。如果一個人把自己的目標制定得高不可攀，他就會因爲不能實現目標而煩惱。

③盯著消極面。牢牢記住你有多少次受到不公正的待遇，或者記著有多少次別人對你說話的態度不友善。如果你把注意力集中在那些不好的、吃虧的事情上，你就會運用這種消極的思想方法來給自己製造煩惱。

④製造隔閡。絕不去讚揚別人，確實做到不使用任何鼓勵之辭；其次，喋喋不休地批評、挑剌、埋怨、小題大作。這是製造隔閡、自尋煩惱的「妙法」。

⑤滾雪球式地擴大事態。當問題第一次出現時就正視它，它就很

容易化爲烏有。反之，如果讓問題像滾雪球一樣不斷地擴大下去，最後滾雪球的人總是遵照一條簡單的規則行事：「如果錯過了解決問題的時機，索性再往後拖拖。」這樣，只會使問題變得更糟，必定會導致你的憤怒和苦惱埋在心底幾個月甚至幾年。

⑥以殉難者自居。母親們過度地承擔家務勞動，然後對自己說：「沒有一個人真正心疼我，對我們家來說，我不過是個僕人而已。」當父親的也能採取同樣的方法：「我的骨架都累散了，誰也不把我當回事，大家都在利用我。」經常這樣想，必定會使你煩惱異常，而且還能使周圍的人感到討厭，令你的感覺變得更糟。

⑦「我早就知道會如此」綜合症。如果你預料到有什麼壞事會出現，它們多半是會兌現的。

⑧蠢人的黃金定律。把其他人都看得一錢不值。運用這條定律的關鍵是首先嫌棄自己，一旦貶低了自己的價值，接下來就會覺得其他人也同樣淺薄，於是對他們不屑一顧，使自己變得眾叛親離。

不論你是高官還是平民，不論你是富豪還是窮人，不論你是社會名流還是無名之輩，恐怕誰也超越不了「有得必有失的」辯證邏輯。即使你不自找煩惱，但還是少不了煩惱，因爲人是現實的，不是超脫凡俗的聖人，既然這樣，我們就要學會善於淡化煩惱，化解煩惱。

那麼，如何才能淡化和化解煩惱呢?你可以試試以下方法：

①比較的觀點。比如發生了重大的車禍，死傷多人，皆爲不幸。未傷者受驚，輕傷者輕痛，重傷者重痛，死亡者慘痛，由前往後比，雖是不幸，但又是大幸；從後往前比，則是不幸中的大幸。在NBA的世界裏，如果人人非要跟籃神喬丹比較，那真的是很不現實的事情。很多人只能望其項背，所以只能以他爲最高，做最真實的自己，否則，那肯定是件極度煩惱的事。

②時間的觀點。遇到煩惱之事，倘若你主動從時間的角度來考慮一下，心中對此煩惱之事的感受程度可能就會大大減輕。受了上級的當

眾批評，面子很過不去，心裏難以承受，不妨試想一下，三天後，一星期後甚至一個月後，誰還會把這件事當回事，何不提前享用這時間的益處呢？

③現實的觀點。就是勇於承認現實，坦然面對現實，對任何既成事實的過失以及災禍，不必為之過多地後悔和煩惱，也不必因此而不休地責備自己或他人，而應把思想和精力放在努力彌補過失，最大可能地減少損失方面，否則過多的後悔、不休的責備，不僅於事無補，而且還會擴大事端，增加煩惱。

④換位的觀點。俗話說：旁觀者清當局者迷。就煩惱之事來說，也是如此，置身於煩惱之中的人，往往執著一點，甚至鑽「牛角尖」，千絲萬縷難找頭緒，甚至自己無法控制自己，此時，置於局外旁觀者的勸導，往往可以起到指點迷津、淡化煩惱的作用。如果你正處於煩惱之中，你不妨做一下自己的旁觀者。

除此之外，還要知足常樂。如果你對自己要求過高，總不知足，當然很難感到愉快並會增添很多煩惱。

請記住一句話：煩惱就像天空上的一片烏雲，如果你的心中是一片晴空，那麼煩惱不會對你有絲毫影響。

6 不生氣少生氣，給情緒安道防火牆

要做到不生氣、少生氣，就要心胸開闊，寬宏大量，不要對一些細枝末節的小事斤斤計較、耿耿於懷。其實，退一步並非意味著懦弱，反倒是化解矛盾的良策，或許還會由此冰釋前嫌，換得雲消霧散、海闊天空。

還要善於控制和調理自己的情緒，把生氣這種不良情緒消滅在萌芽狀態。萬不可認爲生氣是正直、坦率、豪放性格的表現。動輒發火，則是於人無益、對己無利，既傷害別人，也懲罰自己，實在不划算。

一天，陸軍部長斯坦頓來到林肯那裏，氣呼呼地對他說一位少將用侮辱的話指責他偏袒一些人。林肯建議斯坦頓寫一封內容尖刻的信回敬那傢伙。

「可以狠狠地罵他一頓。」林肯說。

斯坦頓立刻寫了一封措辭強烈的信，然後拿給總統看。

「對了，對了。」林肯高聲叫好，「要的就是這個！好好訓他一頓，真寫絕了，斯坦頓。」

但是當斯坦頓把信疊好裝進信封裏時，林肯卻叫住他，問道：「你幹什麼？」

「寄出去呀。」斯坦頓有些摸不著頭腦了。

「不要胡鬧。」林肯大聲說，「這封信不能發，快把它扔到爐子裏去。凡是生氣時寫的信，我都是這麼處理的。這封信寫得好，寫的時候你已經解了氣，現在感覺好多了吧，那麼就請你把它燒掉，再寫第二封信吧。」

林肯總統的做法，是給自己安上個「防火牆」。

上天賦予人類一定分量的歡喜與哀愁，倘若你不懂得用好心情來平衡壞情緒，用新快樂來撫平舊傷痛，那麼，就大大辜負了人類左右情緒的天賦。

有時候，壞情緒是一種踢翻快樂情境的狠角色，不管是來自於工作的壓力、家庭的束縛、或是愛情的牽絆，甚至僅僅因爲一時墜入思考的死角與煩惱的胡同，那種揪在胸口的鬱悶，讓人一整天都浸泡在心情的苦海裏。

快樂與不快樂？憂愁或不憂愁？若僅僅是五官表情的喜怒哀樂那麼簡單也就罷了，偏偏有人就是將許多愁苦往內心的深處囤積，惹得自己食欲不振、筋骨渙散、眼神憂鬱、生機渺茫。外表佯裝堅強，內心卻五味雜陳。

這或許是一種「內斂」的假像，只是啊，那壞情緒在體內囤積久了之後，要找到平衡這種壞情緒的快樂因子，可就越來越難了。

所以，當你感覺自己有點鬱悶的時候，一定不要強行壓抑自己，找一個自己喜歡的方式悄然釋放。

唯有這樣，我們的情緒才能日益鮮活，我們的日子也才能日益溫馨。

煩惱既然來了，壞事既然碰著了，那麼，就找一些方法來平衡一下心情的酸鹼值吧！

藏心事要顧及體內容量

有人總是將委屈往肚裏吞，卻毫不清除體內早就過時，或是已經不在乎的舊煩惱。有時候新愁一上心頭，連舊恨也跟著牽腸掛肚，越是收藏心事，就越是不快樂。

何不學習一下電腦系統清除垃圾檔案的功能呢？氣頭上的煩惱稍稍

炒作就可，褪了色之後，就讓他們煙消雲散吧！找一口心靈的資源回收桶，訓練一下善於遺忘的本領，人生沒必要讓苦悶永遠保鮮，只要記得傷心當下的淒美就可，至於心事啊，保存期限過後，就扔了吧！

號召一群分割壞情緒的分母

不爽的時候，就大聲說出來！那種感覺，很像奔跑在通往蔚藍海岸的路上，沿路甩開討厭的人、事、物，嘶吼著一種快意的狂笑，瞬間就可以讓你在情緒的磁場上取得漂亮的反擊。

假設壞情緒是一份發臭的乳酪，自己獨自吞食，就只會惹得你噁心外加嘔吐，如果找到一群分母，將發臭的乳酪切割成幾小塊讓他們帶走，而分母再找各自的分母去切割，發臭的乳酪在指尖就讓微風給吹走了，沒機會進到肚子裏惹得腸胃不適。

給壞情緒找一個出口

給壞情緒找一個出口，一個不妨礙別人的出口，讓它趕快溜走，而且走得越遠越好。否則愈積愈多，我們就會慢慢被它壓垮，而它一旦佔領我們全身，我們就會在不堪重負之下匆忙給它一個出口，一個方向對準我們親人朋友的出口，抱怨牢騷發脾氣惡語傷人沒事找事瞎鬧騰，結果是傷了別人也悔了自己，一點壞情緒污染了一批人的天空。

7 不做垃圾桶，遠離壞情緒傳染源

不僅好的情緒容易傳染，研究發現，負面情緒與好的情緒相比，有著更強烈的傳染性。比如在股市中，這種情緒傳染就表現得非常明顯。周邊股市普遍走低的話，就很容易動搖投資者對市場的信心，從而可能會拋售手中的股票，這將導致股市下跌，而股市的下跌又將進一步動搖投資者的信心，從而產生恐慌情緒。一旦恐慌情緒在市場上開始蔓延，那麼股市就會加速下跌。

壞情緒總是不知不覺地在一定範圍內傳染。在你身邊如果有一個人不開心，你也會跟著不開心；看完別人的一篇日誌，如果對方渲染的是一種壞心情，你也會立刻跟著愁悵起來；就連天氣的壞情緒也會隨時影響著你本應平靜如水的心境。

職場上的壓力如同感冒病毒一樣具有傳染性，「二手壓力」和焦慮可以在辦公室中迅速傳播。而人就像海綿，吸收周圍人所謂的情緒傳染病。

當感受到他人情緒影響，變得消極，身體語言也會發生改變，說話時聳肩、皺眉。

就性別而言，男性與部分性格堅強的女性對辦公室的「二手壓力」有一定的免疫力，女性受到二手壓力傳染的風險最大，因爲她們更容易體會到別人的感受。

因此，儘量避開與壞情緒的人接觸有助於保持內心的愉悅，尤其是在工作時更應儘量遠離壞情緒，否則會影響你的工作效率和一天的好心情。

四招遠離壞情緒傳染

如何防止被壞情緒「傳染」呢？心理專家們認為，這是要考驗智慧和心理素養的。心情愉悅時，人體能分泌更多的內啡肽，使人更加快樂健康。而一些小動作可以讓你避免受到負面情緒的傳染：

①遠離激怒的現場

火氣上來時一個眼神、一句話都可能會成為導火線。所以，三十六計，走為上策。

暫時冷靜後，再仔細想一下，也許你會發覺沒什麼大不了的。沉默一分鐘的時間是微不足道的，但在發生事端前暫停一分鐘也是非常寶貴的。

就像美國第三任總統傑弗遜說的那樣：「先數到十，然後再說話，假如怒火中燒，那就數到一百。」繃緊的弦就會稍稍地鬆弛下來。

②轉移注意力

在遇到倒楣事情的時候，你會越想越氣憤，那個時候你就不如把那件事情丟開，去看看電視，唱唱歌，洗個澡，做一些輕鬆的事情，你就會漸漸地發現原來生活可以是這麼美好。

③以舊換新找快樂

心理學研究發現，新鮮感會讓我們心情轉好，比如換換髮型；重新佈置工作桌；購買一些新奇的擺設，即便這些東西並沒有多少實用性。

④讓怒氣合理宣洩

如果你的怒氣膨脹起來，你可以把自己單獨關在一間房屋裏或者是跑到沒有人的空曠處，任意釋放怒氣。

運動也是治療抑鬱的無藥良方，如果能定期運動更能改善心情。對於職場白領來說，即便工作繁忙也完全可以在工作時運動，比如能騎車就不開車；能爬樓梯就不坐電梯等。

教你三招隔離壞情緒

身邊的確有一些人，會在某一些時候不知不覺陷入一個「抱怨」的怪圈。愁眉苦臉地坐在你對面牢騷不斷，如果你好心幫他們出主意，就會一次一次地撞在一堵厚牆上。

「可以先進修嘛。」「我哪裏有時間進修啊，下班已經累得半死了！」他們氣呼呼地陳列出一系列理由，反駁你這個不行，那個也做不到，反正就是沒辦法！

那種沮喪的低氣壓能讓人好幾天緩不過勁來。這樣無意中散播負面情緒能量的人，也可能就是我們自己！

以下三招叫你隔絕這些負面情緒的傳染。

第一招，這樣說：「是啊，這真是個難題，不過你一定能想出辦法來解決的。你這麼聰明，這麼能幹……我對你有信心！」

如果對方繼續說，「哪裏有什麼辦法？我就是這麼倒楣透頂的，別人遇不上的倒楣事都被我遇上啦……」就把上面的話換個說法重複一遍，「是啊是啊，這事真是很麻煩。不過我相信你一定能解決好！」

第二招就是避開。「唉，是啊，你可真不容易。哎，你看見我的車鑰匙了沒？」如果對方繼續說，「你難道不覺得我們老闆真的很極品嗎？」就說，「哎，我是不是把它忘在車裏啦？我得去看一眼。」起身離開。

第三招，如果對方是你十分關心的人，你希望把他往建設性的方向推一推，也願意爲此付出更多的努力。

這麼說：「我覺得你特別需要從我這裏獲得一些支持，但老實說，我不知道怎麼才能真的幫到你。能不能告訴我你到底想要什麼？記住我總是在這裏支持你的。」

8 快樂就在身邊，讓心裏灑滿陽光

經常有人抱怨生活中沒有太多的樂趣，生活中，我們經常讓消極情緒掩蓋了我們快樂的心情。其實，生活中的樂趣到處都有，關鍵是我們有沒有能夠發現快樂的眼睛。當我們對生活充滿熱情，善於挖掘生活中的樂趣，你就會發現，原來快樂一直就在我們身邊。

即使是同一件事情，樂觀者和悲觀者的情緒狀態也截然不同：樂觀者看到希望，悲觀者看到絕望；樂觀者從希望中獲得力量去成功，悲觀者在絕望中等待毀滅。可能我們都有過體會，當我們快樂時，整個身心都會感受到放鬆、舒服，渾身充滿了力量，內心也滿是對未來的美好憧憬，這種樂觀給我們帶來的不僅僅是一種好情緒，更能間接給予我們能量，加強我們的行動力，使我們的生活變得更加美好。

亞歷克斯是一位保險業務員，有一天，他去拜訪一位客戶，由於被工作所累，他顯得有點精神頹廢，但是為了完成自己的本職工作又不得不去盡力。結果很可惜，雙方沒有達成協議，他想也許是他精神不佳而導致了交易的失敗。亞歷克斯因此更加苦惱，回來後把事情的經過告訴了經理。經理耐心聽完了雷特的講述，沉默了一會兒說：「不要著急，你可以再去一次，但是，不管怎樣你一定要調整好自己的心態，時時刻刻都要把你的微笑給大家展現出來，微笑著面對每一位顧客，用你真誠的微笑去打動對方，這樣他就能看出你的誠意，你也會獲得成功。」

亞歷克斯照著經理的話去做了，他打起精神讓自己表現得很快樂、很真誠，微笑一直洋溢在他的臉上。結果對方真的被亞歷克斯感染了，最終他們愉快地簽訂了協定。

受到這一鼓舞，亞歷克斯決定在自己的家中也做一次微笑實驗。亞歷克斯結婚已經十八年了，每天早上起來他都急急忙忙地去上班，忙碌的生活幾乎讓他忘記了自己心愛的妻子，妻子也很少看到他的微笑。這次亞歷克斯決定試一試，看看微笑會給他們的婚姻帶來什麼好處。

第二天早上，亞歷克斯梳頭照鏡子時，自己對著鏡子微笑起來，他看到臉上的愁容一掃而空，顯得容光煥發。當他坐下來開始吃早餐的時候，他微笑著跟太太打招呼。太太感覺很驚訝，繼而又非常興奮，甚至有些受寵若驚的感覺。結果在接下來的時間裏，亞歷克斯感受到的幸福比過去兩年的還要多。

如今，亞歷克斯上班時，見人就微笑，不管是對公司經理還是自己的同事，見面後他都給以會心的一笑。亞歷克斯很快就發現，當自己決定快樂地工作和生活的時候，自己就可以真的快樂起來，而成功是很容易被快樂吸引而來的。

暢銷書《秘密》中講述了一個關於心想事成的秘密：「你生活中所發生的所有事情，都是你自己吸引來的！是你腦中所想像的圖像吸引來的。那些事都是你的思想所導致！不管你腦中想什麼，你都會把它吸引過來。」這就是大名鼎鼎的「吸引力法則」，這並不是自我催眠法，而是說當你的情緒改變了，你選擇快樂，那你必然會擁有快樂的能量。

生活中很多事情，換個角度，換個心情，看法就會完全不同。決定快樂的不是環境，而是心境。

如果我們選擇快樂，那麼快樂就會圍繞在我們身邊；反之，如果我們的眼裏只有煩惱，那麼煩惱就會越來越多，直至讓我們難以負荷。我們應該常懷快樂，尤其是當我們處於逆境之中的時候，越是糟糕的事情，我們越要樂觀地去應對。凡事往好處想，朝著樂觀的方向走，希望、幸福、成功和快樂將會變得無窮無盡。那麼我們應該如何拋棄悲傷，帶著快樂上路呢？

第一，保持熱情

我們每一次對自然的觀賞，每一次享受陽光雨露的洗禮，世界都不曾向我們收取費用，即便是一滴露水，一縷微風，也是生活對我們的眷顧，我們從生活中得到的遠遠要比付出的多得多，只要你善於發現生活中的樂趣，打開心扉，以極大的熱情面對生活，快樂都會唾手可得。

不論是早晨起床後仔細傾聽蟲鳴鳥叫，走在一條灑滿陽光的筆直小道，還是夜晚抬頭仰望夜空中的點點繁星，都是產生快樂的源泉。

第二，從容生活

也許你會發現，當你被繁複的事情所牽絆時，難免會出現一些小錯誤，也可能很難得出非常有價值的思考，因爲一個人最深刻最美妙的思想，往往是在心情鎭靜的時候慢慢醞釀而出的，所以找出一段安靜的時間，爲自己制定完整的工作和生活計畫非常有必要，如此，你便可以從容地生活，以安靜的態度處理好每一件事情。

第三，做你感興趣的事

如果你對某一方面感興趣，能挖掘出自己的天賦，那麼你便很可能在這一方面發揮你所有的潛力，並且感到快樂和幸福。也許它並不能給你帶來多少物質財富，但你卻能在其中收穫數不勝數的精神財富，因爲唯有快樂才是人生最無價的。所以，尋找到那些你所感興趣的事，並投入其中，你也就抓住了快樂，品嘗到了幸福。

第四，感受愛，傳遞愛

愛是一種神奇的東西，它可以彈奏出無數美妙的旋律，但愛也需要有人去傳遞，愛在被傳遞的過程中，不僅可以保持活力，還可以不斷強大，感受愛是一種快樂，傳遞愛也是如此。「最迅速找到愛的方法就是散佈你的愛；最快速失去愛的方法就是緊緊地堅守著你的愛不放；維持愛的最好方式就是給它一雙翅膀。」所以在我們接受愛的同時，也要懂得付出愛，這能讓你體會到更多生活的美好。

第五，享受平凡簡單的生活

「寵辱不驚，看庭前花開花落；去留無意，望天空雲卷雲舒。」在生活中，有成功自然就會有失敗，有開心也會有失落，如果我們太看重權力、欲望和虛榮，生活對我們將永遠是一種壓力，對於我們來說就永遠缺少快樂。生活中的平凡，其實就是一種簡單的快樂，珍惜它們，你也就留住了快樂。

有些事現在不做，一輩子都沒機會做了

作者：韓倩
發行人：陳曉林
出版所：風雲時代出版股份有限公司
地址：10576台北市民生東路五段178號7樓之3
電話：(02) 2756-0949
傳真：(02) 2765-3799
執行主編：劉宇青
美術設計：吳宗潔
行銷企劃：邱琮傑、張慧卿、林安莉
業務總監：張瑋鳳

初版日期：2017年8月
版權授權：馬鐵
ISBN ：978-986-352-483-0

風雲書網：http://www.eastbooks.com.tw
官方部落格：http://eastbooks.pixnet.net/blog
Facebook：http://www.facebook.com/h7560949
E-mail：h7560949@ms15.hinet.net
劃撥帳號：12043291
戶名：風雲時代出版股份有限公司

風雲發行所：33373桃園市龜山區公西村2鄰復興街304巷96號
電話：(03) 318-1378
傳真：(03) 318-1378
法律顧問：永然法律事務所 李永然律師
北辰著作權事務所 蕭雄淋律師

行政院新聞局局版台業字第3595號 營利事業統一編號22759935

定價 ：280元

國家圖書館出版品預行編目資料

有些事現在不做，一輩子都沒機會做了／韓倩 著.
-- 初版. -- 臺北市：風雲時代，2017.07- 冊；公分

ISBN 978-986-352-483-0（平裝）

1.生活指導

177.2　　106009355